北京市属高等学校创新团队建设与教师职业发展计划项目
城市化进程中的首都人口、环境与发展问题研究

首都人口与就业研究

齐明珠　贾曼丽　著

中国劳动社会保障出版社

图书在版编目(CIP)数据

首都人口与就业研究/齐明珠，贾曼丽著. —北京：中国劳动社会保障出版社，2015

城市化进程中的首都人口、环境与发展问题研究

ISBN 978-7-5167-2232-9

Ⅰ.①首… Ⅱ.①齐… ②贾… Ⅲ.①人口-研究-北京市②就业-研究-北京市 Ⅳ.①C924.24 ②D669.2

中国版本图书馆 CIP 数据核字(2015)第 315020 号

本成果出版接受以下项目资助

北京市属高等学校创新团队建设与教师职业发展计划项目（项目号：IDHT20130523）

中国劳动社会保障出版社出版发行

（北京市惠新东街 1 号 邮政编码：100029）

*

中青印刷厂印刷装订 新华书店经销

787 毫米×1092 毫米 16 开本 12.75 印张 165 千字

2015 年 12 月第 1 版 2015 年 12 月第 1 次印刷

定价：38.00 元

读者服务部电话：（010）64929211/64921644/84626437

营销部电话：（010）64961894

出版社网址：http://www.class.com.cn

总　　序

本丛书是首都经济贸易大学劳动经济学院童玉芬教授主持的北京市属高等学校创新团队建设与教师职业发展计划项目（项目号：IDHT20130523）“城市化进程中的首都人口、环境与发展问题研究”的系列成果。

北京市人口在过去几十年内的一个最为突出的特点，就是人口规模的不断膨胀。全市常住人口在1978年只有871.5万人，2010年第六次人口普查结果显示，北京市常住人口达到1 961.2万人，城市人口的比重从1978年的54.96%上升到2010年的85.96%。2014年年末，北京市人口进一步增加到2 151万人。与此同时，北京市的人口空间格局不均衡特征并没有显著改善，加上进入21世纪以来人口老化现象开始加剧，就业压力大且质量低，以及规模庞大的流动人口融合问题，都成为首都所面临的重大人口问题。

伴随着北京市人口的持续增长和人口结构、分布等多方面的变化，我们也面临着一系列愈演愈烈的城市问题，包括城市交通道路的拥堵、公共医疗服务和教育资源的严重不均衡和紧张；城市环境质量的恶化，城市贫富差距加大，城市水资源和土地资源日益紧缺。尤其是近年来北京频繁出现的雾霾，给全城人民心头笼罩了一层深深的阴影，也给政府的治理能力带来了严峻的考验。

北京市人口变动及其相关的问题，与城市化的进程、阶段和发展有着十分密切的关系。人口城市化是人口发展过程中必然要经历的阶段。联合国人口司发布的《世界人口城市化展望2009》提供的数据显示，2010年全世界城市人口达到34.86亿人，占全世界人口的50.46%。根据联合国人口司的预测，世界人口还将继续城市化，到 2050 年世界城市人口将达到 62.86 亿人，占全世界人口的 68.70%。虽然从 20 世纪 80 年代以来中国的人口城市化发展非常迅速，但是整体上水平并不高，还有将近一半的人口为农村人口。整体上来说，中国一方面依然处在城市化水平快速上升的时期和阶段，这决定了北京市的人口发展必然深深烙上中国城市化整体发展阶段的烙印，反映在人口规模增长过快，以农村流动人口流入为主要特征的人口快速膨胀以及由此带来的资源环境和就业、教育等各方面压力不断增大；另一方面人口的整体素质偏低，就业的层次低下，人口空间分布高度不均衡，以及近年来出现的人口性别比偏高等多个方面问题突出。这些人口问题的出现和形成，与中国城市化发展的阶段与过程密切相关。然而关于城市化发展和人口问题关系的研究，在国内并不多见，目前的研究主要集中在城市化和人口各自的发展研究中，将二者整合起来，或者将人口问题放在城市化进程中加以分析的视角，国内还不多见，因此非常有必要开展这方面的综合性研究。

在这种背景下，我们于 2013 年申报了北京市教委资助的市属高等学校创新团队建设与教师职业发展计划项目“城市化进程中的首都人口、环境与发展问题研究”，该项目围绕城市化进程中的首都人口、环境、经济和社会发展及其关系展开了一系列的研究。参加团队建设的主要是首都经济贸易大学劳动经济学院和人口经济研究所的中青年学者以及硕士、博士研究生们。团队项目被分成 6 个子课题，分别对首都的人口增长问题、首都人口空间分布变动、首都人口老龄化问题、首都劳动力就业、首都流动人口及城市融合问题、首都人口政策调控以及首都人口与环境资源问题展开了系列性的研究，并最终完成了这些系列专著。

本系列研究成果是在前人研究成果的基础上，进一步对首都人口在城市化大背景下所面临的一系列人口、环境和发展问题展开的有针对性的系统研究，各个子项目研究的风格和内容体系尽管有所不同，但是均是对城市化发展背景下的首都人口最新问题展开的系列研究，期望不仅能够对大都市人口问题方面提供学术上的借鉴与交流，同时对于北京市政府和相关部门制定人口发展战略和相关政策起到参考作用。

感谢北京市教委启动的创新团队资助项目，使得这一套研究丛书得以面世。也感谢中国劳动社会保障出版社各位编辑为本书出版所付出的艰辛和努力。

北京市属高等学校创新团队建设与教师职业发展计划项目
“城市化进程中的首都人口、环境与发展问题研究”项目负责人
童玉芬
2015.11.30

目　录

第一章
北京市城市化问题与国际比较

第一节　北京市城市化的历史与现状特征

一、北京市城市化的历史演变与阶段性特征

北京历史悠久，它作为城市的历史可以追溯到 3 000 年前。秦汉以来，北京地区一直是中国北方的重镇，并且曾是五朝古都（辽、金、元、明、清）。但其现代城市化的历程始于新中国成立之后。经过 60 多年的发展，现在北京是国家的政治和文化中心，其城市化的发展在社会经济发展进程中具有非常特殊的意义。城市化既是城乡经济发展的表现形式，也是城乡政策长期作用的结果。依据城市化发展阶段及特征，可以将新中国成立以来的城市化大致划分为以下几个阶段。

（一）改革开放之前（1949—1978 年）

新中国成立后，北京市的工业得到大力地发展，城市人口数量因此大量增加。1949—1950 年，北京的城市化率有略微的下降，由 42.5% 下降到 40.9%。1950—1960 年，北京市经历了城市化的大发展，城市化率由 40.9% 快速增长到 62.2%。之后，一系列的重大政治事件则成为影响北京市城市化发展的主要因素。在大跃进、三年自然灾害和文化大革命的影响下，北京市城市化率不升反降。截至 1978 年，北京市常住人口为 871.5 万人，城市化率

为 55.0%。这一时期，中国处在计划经济阶段，政府主要用行政手段配置资源，城乡分割，以发展重工业为主，城市化的推进与工业发展密切相关。如图 1—1 所示。

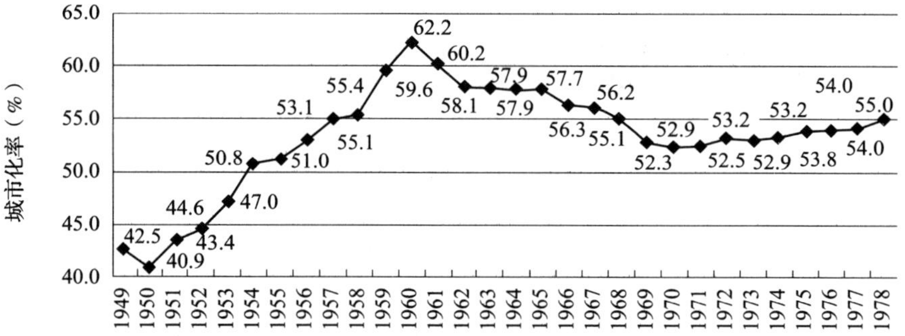

图 1—1　计划经济时期北京的城市化水平（1949—1978 年）

资料来源：国家统计局. 北京六十年［OL］. http://www.bjstats.gov.cn/

（二）平稳缓慢发展阶段（1979—1992 年）

党的十一届三中全会确立了以经济建设为中心的改革路线，中国进入了改革开放的新时期，北京市的城市化道路又逐渐开始发展起来。改革开放从农村开始，农村实行家庭联产承包责任制，极大地激活了农民的积极性，北京市的乡镇企业也迎来了大发展，为北京市的城市化注入了新的生机。城市人口从 1979 年的 510.3 万增加到 1992 年的 819 万，城市化率从 56.9% 增加到 74.3%，如图 1—2 所示。与此同时，由于城市经济体制改革的全面展开，北京市城市化建设也进入了一个新的阶段，城市工业开始合理分工、广泛联营、共同发展。因而，这一时期，从城市化发展的动力机制来看，北京市显现出城乡二元化的结构特点。

值得注意的是，如图 1—3，从 1989 年到 1990 年，北京的建制镇由 14 个迅速增加到 77 个，北京城市人口由 664 万增加到 798 万；北京近郊人口大面积地转变为城市人口，政府用行政手段实现了土地城市化，然后逐渐由土地城市化向人口城市化转变；北京城市化率由 61.8% 升高到 73.5%，升高了 11.7%。土地城市化为下一阶段城市化打下了基础，北京政府为了迎合新的形势也出台了《北京城市总体规划（1991—2010 年）》，为北京经济、社会的发展做出了重要的贡献。

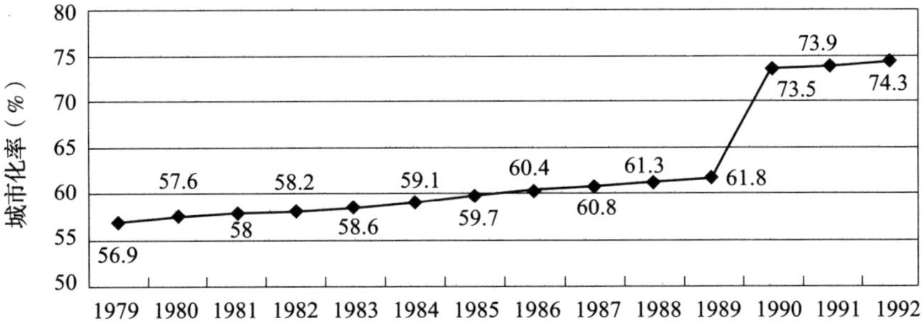

图 1—2 北京的城市化水平（1979—1992 年）

资料来源：北京统计局. 北京统计年鉴（2014）[OL]. http://www.bjstats.gov.cn/

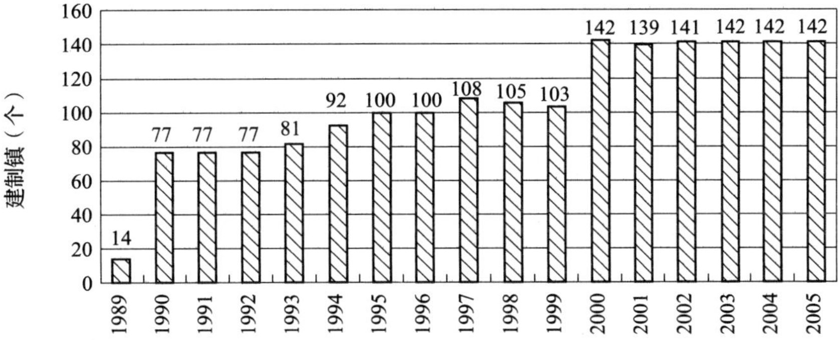

图 1—3 北京市建制镇数量（1989—2005 年）

数据来源：北京统计局，国家统计局北京调查总队. 数说北京改革开放三十年[M]. 北京：中国统计出版社，2008.

（三）快速推进阶段（1993—2004 年）

1992 年邓小平南方谈话后，中国进入了建设社会主义市场经济的新时期。此时，国家的经济逐渐由计划经济转变为市场经济，北京市的国民经济蓬勃发展，经济更多地依靠市场的力量推动，城市化也得到了大力推进。北京市的城市人口由 1993 年的 831 万增加到 2005 年的 1 286.1 万，城市化率从 74.7% 增加到 83.6%。我们从图 1—4 可以看出，北京城市化率平稳上升。经国务院批准的《北京城市总体规划（1991—2010 年）》大力指导着北京城市化发展，规划市区城市建设用地将从 1990 年的 420 多平方公里，增至 2000 年的 500 平方公里。新的总体规划给经济增添了新的活力，给北京的发展带来了蓬勃的生机。

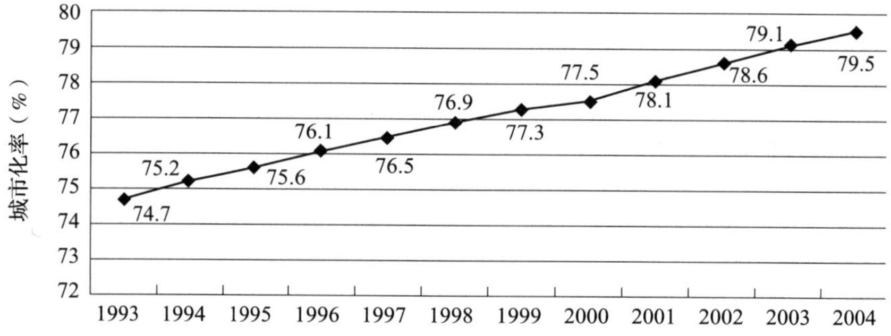

图 1—4　北京的城市化水平（1993—2004 年）

资料来源：北京统计局. 北京统计年鉴（2014）[OL]. http://www.bjstats.gov.cn/

值得注意的是，2004—2005 年，北京的城市化率由 79.5% 增加到 83.6%，出现了一个城市化的小高潮，2004 年北京市发改委提出城市发展的两个战略转移——城市建设重点从市区向远郊区转移；市区建设从外延扩展向全面调整改造转移。《北京市城市总体规划（2004—2020 年）》明确提出了，打破城乡二元结构，有效引导城市化健康发展，构筑城乡一体、统筹协调发展的格局。并且提出了“两轴—两带—多中心”的城市空间布局，及规划 11 个新城和多个城市职能中心，来缓解城市中心区的压力。按照新规划，到 2020 年，北京市总人口控制在 1 800 万人左右，而中心城区则控制在 850 万人以内。

（四）新规划发展阶段（2005 年至今）

党的十六届三中全会提出了科学发展观，走可持续发展的道路。统筹城乡发展、统筹区域发展、统筹经济社会发展、统筹人与自然和谐发展、统筹国内发展和对外开放。这个时期，北京的城市化率已经上升到了一个新的高度，从 2005 年到 2013 年都保持在 85% 左右的较高水平，如图 1—5 所示。由于北京作为国家的政治中心、北方的经济中心，城市化水平依然保持较快增长，但是北京市城市化更加强调质量，注重人口、资源、环境等综合性发展，政府投入大量资源在民生方面，使得社会公共服务更加完善。另外，2008 年的北京奥运会成功举行，促进了北京市城市功能的发展和完善，推动了产业结构的升级，大力发展了交通、城市基础设施，在环境方面也开始积极治理，这使得城市面貌焕然一新。总而言之，2008 年北京奥运会成为北京城市化的助推器。

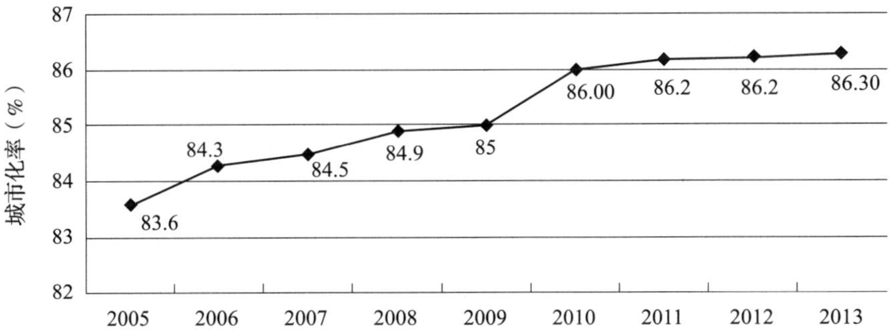

图 1—5 改革开放后北京市的城市化水平（2005—2013 年）

资料来源：北京统计局．北京统计年鉴（2014）[OL]．http://www.bjstats.gov.cn/

二、北京市城市化的现状与特征

经过改革开放三十多年的发展，北京市已进入后工业化阶段，在遵循城市化发展的普遍规律的同时，也出现了中国首都发展的独特规律，主要体现为以下两个特征。

（一）总体城市化水平高，区县不均衡

第六次人口普查数据显示，2010 年中国的城市化率为 49.68%，而北京市同时期的城市化率为 85.96%，远高于全国水平。如图 1—6 所示，在北京地区，首都功能核心区（东城、西城）的城市化率为 100%，常住人口密度也是最密集的，城市功能区（朝阳区、丰台区、石景山区、海淀区）的城市化率接近 100%；其中石景山区为 100%，城市发展新区（通州区、顺义区、昌平区、大兴区）普遍都比北京市整体的城市化水平低，但是比全国的平均水平要高；生态涵养区（门头沟区、房山区、怀柔区、平谷区、密云县、延庆县）相对于其他功能区水平较低，但是平均水平高于全国，只有延庆县城市化水平低于全国水平，并且常住人口密度也是全市最低。

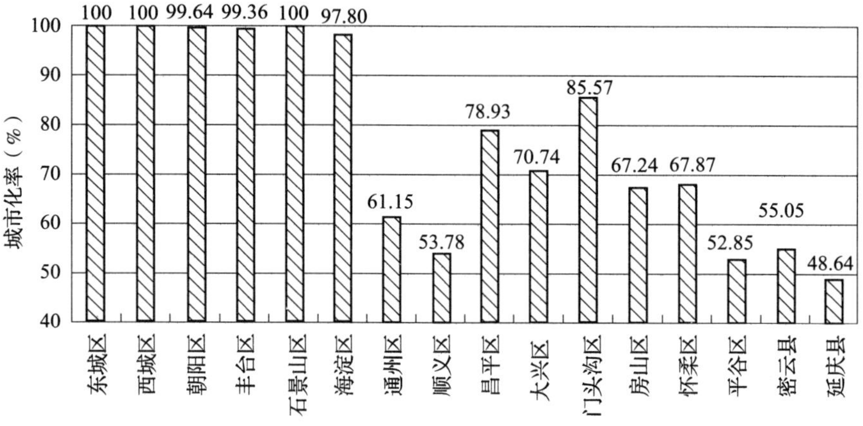

图 1—6　北京市各区县城市化水平

资料来源：北京统计局 . 北京区域统计年鉴（2010）[OL]. http://www.bjstats.gov.cn/

（二）建设用地呈外延式增长

北京市作为一个承载首都功能的特大城市，多项城市功能高度叠加在中心城区，这也直接导致了中心城区的“城市病”。针对这一问题，《北京城市总体规划（2004—2020 年）》明确提出了“两轴—两带—多中心”的城市空间结构，建设用地往郊区扩张，以促使中心城区人口和功能的疏散。所谓“两轴”，即完善传统城市中轴线与长安街及其延长线，保障首都职能和文化职能的发挥；所谓“两带”，即强化由怀柔、密云、顺义、通州、亦庄组成的“东部发展带”，疏导新北京产业发展方向，整合由延庆、昌平、门头沟、良乡、黄村组成的“西部生态带”，创建宜居城市的生态屏障；所谓“多中心”，即构筑以城市中心与副中心相结合、市区与多个新城相联系的新的城市形态。

根据《北京区域统计年鉴 2010》，从北京各区县（2008 年）来看，首都核心功能区、城市功能区建设用地相对较少，因为城市化水平已达到 100%，可利用的土地也相对较少，城市发展新区和生态涵养区的各区县新建设用地面积更多，其中房山区建设用地最多，高达 350.55 平方公里，由中心城区向郊区发展，由单中心向多中心转变，从而疏散中心城区的功能。

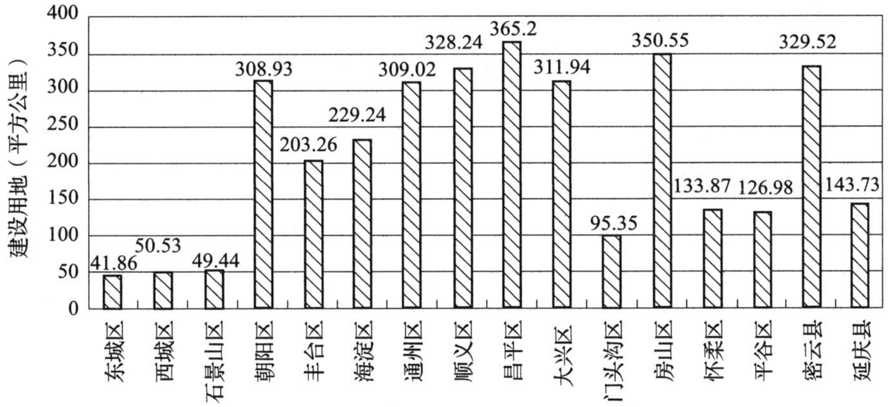

图 1—7　北京市各区县的建设用地情况

资料来源：北京统计局．北京区域统计年鉴 2010［OL］．http://www.bjstats.gov.cn/

第二节　北京市城市化的主要问题

随着人口规模的增长，北京在协调人口发展与经济转型、资源平衡、环境保护、公共服务和城市安全等关系方面面临一系列重大考验。

一、生态超载

（一）水资源危机

水资源短缺已成为制约北京市经济社会发展的第一瓶颈。2012 年北京市水资源总量为 39.50 亿立方米，按照年末常住人口 2 069 万人计算，北京市人均水资源占有量为 191 立方米，不到全国人均水平的 1/10 和世界人均水平的 1/40，属于重度缺水的地区。2012 年北京市总需求水量为 35.9 亿立方米，北京市 18 座大、中型水库年末蓄水总量为 15.06 亿立方米，可利用水量为 6.39 亿立方米。官厅、密云两大水库可利用水量为 3.26 亿立方米（包括密云水库收白河堡、遥桥峪水库补水 0.63 亿立方米），不足全市用水总需求量的零头。目前北京市的人口规模已经远超过了当地水资源所能支撑的规模，也超出了现实的供水量可支撑的水资源承载力。

（二）土地空间日益紧张

土地是城市化的依托，目前北京市的土地资源十分稀缺。作为中国的首都，北京市的土地开发力度比较大，其开发利用面积约占总土地面积的87.4%，未被开发的土地面积只有12.6%，可见后备土地资源十分稀缺。另外，随着社会经济的发展和城市化的推进，城市建设用地逐年增加，由2004年的1 254平方公里，增加到2012年的1 445平方公里，如图1—8所示。伴随着郊区城市化和外来人口的增多，产业结构调整、新的经济增长点的发展，势必需要更多的土地来满足经济发展的需求，未来建设用地缺口巨大。

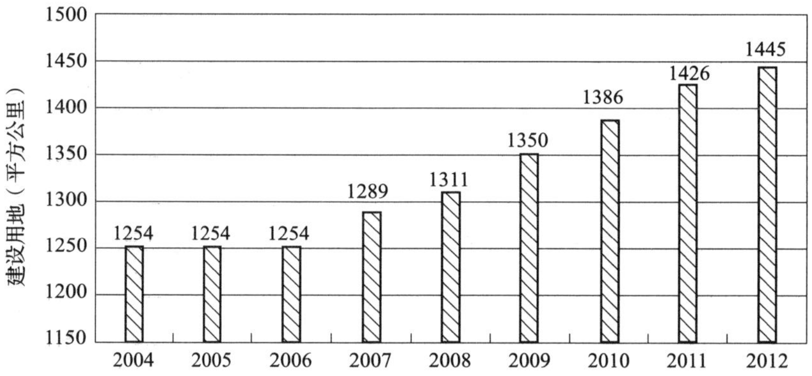

图1—8　北京市建设用地情况（2004—2012年）

资料来源：北京统计局. 北京统计年鉴（2013）[OL]. http://www.bjstats.gov.cn/

（三）能源稀缺

北京市不仅水资源和土地资源紧缺，能源资源也非常稀缺。能源以调入为主，每年都需从山西、河北、内蒙古等周边省市（区）调入大量能源。由于受能源资源的制约和限制，近年来生产总体上成低速增长的态势。北京市能源品种主要是储量较少的煤炭、水电及地热等，石油和天然气尚未发现可供开采的工业储量。能源生产结构基本保持不变，始终以电力、原煤、热力、柴油、汽油为主，历年能源生产构成的变化趋势不太明显，总体来说，原煤生产比重呈下降趋势，柴油比重呈逐步上升的趋势，电力、汽油生产比重呈小幅上升的趋势，热力比重变化不大，始终保持在 13% 左右。

另外，北京市是国内第二大能源消费城市，2012 年全市能源消费总量仅次于上海，并且消费量呈快速上升的趋势，从 2000 年的 4 144.0 万吨上升到 2012 年的 7 177.7 万吨，增长了 73.2%，如图 1—9 所示。北京市第一产业能源消费始终处于低水平，耗能量占全市终端能源消费比重近年来保持在 1.5% 左右。第二产业是北京市终端能源消费的主体之一，其中制造业是第二产业乃至全市能源消费的主导产业，随着产业结构的优化升级和节能降耗工作的开展，第二产业能耗占终端能源消费的比重呈逐年下降的趋势。第三产业耗能总量以及占终端能源消费的比重都呈稳步上升的趋势并逐步超过第二产业耗能量。

因此，北京市能源的自给能力严重不足，对外依存度高，全市能源供需缺口有逐年扩大趋势，以原煤为例，2000 年消费量比生产量多 1 470.8 万吨，到了 2012 年差额达 1 771.7 万吨。

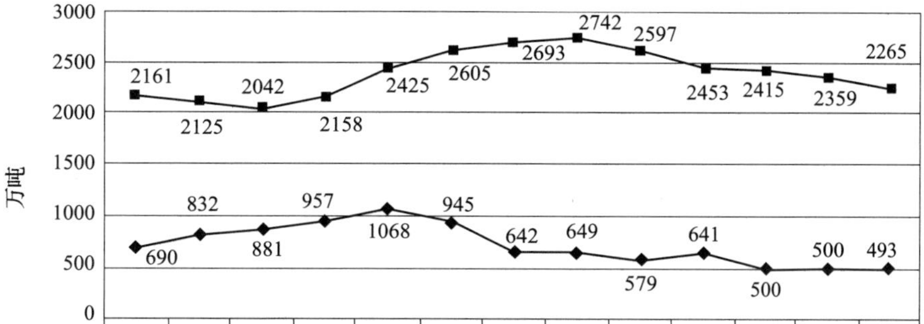

	2000	2001	2002	2003	2004	2005	2006	2007	2008	2009	2010	2011	2012
生产量	690	832	881	957	1068	945	642	649	579	641	500	500	493
消费量	2161	2125	2042	2158	2425	2605	2693	2742	2597	2453	2415	2359	2265

图 1—9　原煤生产量和消耗量（2000—2012 年）

资料来源：北京市统计局．北京统计年鉴（2013）[OL]．http://www.bjstats.gov.cn/

二、环境污染严重

（一）水污染严重

北京市本来就属于重度缺水的城市，水资源稀缺并且水质量不断恶化，使得北京市水环境十分不理想。主要表现在城市地表水和地下水源受到不同程度的污染；部分水库出现富营养化现象并呈加剧趋势，由于污水处理厂及配套管线建设相对落后，再生水利用量 7.5 亿方米，只占全市用水总量的 1/5。

2012 年北京市环境公报显示，对地表水、湖泊、水库进行检测，得出的数据如下：

1. 北京市共检测地表水五大水系河流 88 条段，长 2 048.2 公里，其中：Ⅱ类、Ⅲ类水质河长占检测总长度的 53.6%；Ⅳ类、Ⅴ类水质河长占检测总长度的 4.3%；劣Ⅴ类水质河长占检测总长度的 42.1%。主要污染指标为生化需氧量、化学需氧量、氨氮、总磷等，污染类型属于有机污染型。在五大水系中，潮白河水系质量最好，永定河水系、蓟运河水系次之，大清河水系和北运河水系水质总体最差。

2. 2012 年北京市共检测水湖泊 22 个，水面面积 720 万平方米，其中：Ⅱ类、Ⅲ类水质湖泊占检测面积的 44.9%，Ⅳ类、Ⅴ类水质湖泊占检测水面面积的 40.5%；劣Ⅴ类水质湖泊占监测水面面积的 14.6%。主要污染物为化学需氧量、生物需氧量、总磷等。

3. 2012 年共检测有水水库 16 座，平均总需水量 14.9 亿立方米，其中Ⅱ类、Ⅲ类水质水库占检测总库容的 90.8%；Ⅳ类占检测总库容的 9.2%。主要污染物指标为总磷、化学需氧量、高锰酸盐指数和生化需氧量。

（二）空气污染严重

北京市的大气污染一直严重，奥运会前后国家投入 450 亿治理北京的环境污染，但是 2013 年北京市大气污染迅速反弹，包括北京市在内的华北地区多次遭到雾霾的袭扰，二级质量及以上的天数只有 176 天，创新世纪最低。据北京市环保局环保监测中心统计，根据空气质量新标准，2013 年北京市空气质量一级优 41 天，占 11.2%；二级良 135 天，占 37.0%；三级轻度污染

84 天，占 23.0%；四级中度污染 47 天，占 12.9%；五级重度污染 45 天，占 12.3%；六级严重污染 13 天，占 3.6%。其中，一、二级优良天数累计 176 天，占全年总天数的 48.2%；五、六级重污染天数累计出现 58 天，占全年总天数的 15.9%。也就是说，每 6 到 7 天就有一次重污染天气，出现频率较高。空气污染不仅直接造成了经济损失[①]，也影响了人们正常的生活和工作。空气中的这些污染物主要来自于汽车尾气、燃煤排放、劣质挥发性有机物及工厂排放的有毒有害气体。

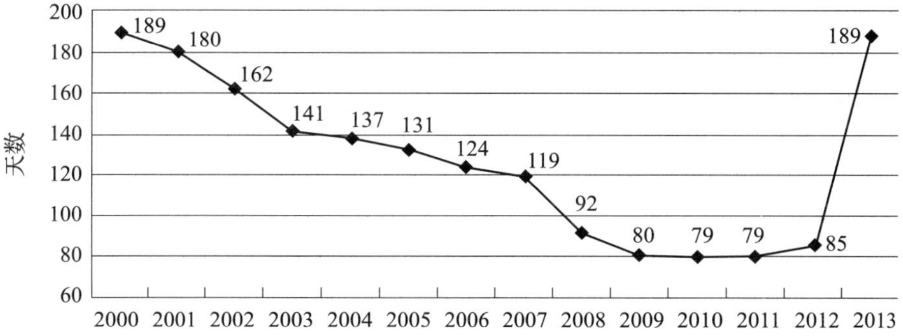

图 1—10　三级质量以上的污染天数（2000—2013 年）

资料来源：北京市统计局. 北京统计年鉴（2014）［OL］. http://www.bjstats.gov.cn/

（三）固体废物总量大

北京市固体废物总量相当大，尤其是生活类垃圾，从 2000 年的 295.6 万吨增长到 2012 年的 648.3 万吨，年平均增长率为 9.9%，如图 1—11 所示。目前北京市已经被大量的“垃圾山”包围，大面积的耕地也被垃圾覆盖，北京陷入了“垃圾围城”窘境。而北京市土地资源本来就有限，大量的垃圾堆放，不仅侵占了土地，而且污染了水资源。不过值得注意的是，北京市政府正在积极解决垃圾问题，北京市市政市容委研究制定了《北京市生活垃圾处理设施建设三年实施方案（2013—2015 年）》，2013 年至 2015 年垃圾处理设施建设及外围配套设施建设将投资资金约 502 亿元。

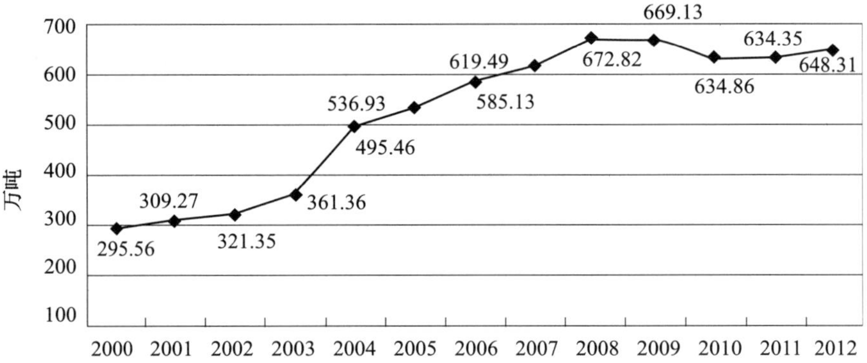

图 1—11　生活类垃圾清运量（2000—2012 年）

资料来源：北京市统计局．北京统计年鉴（2013）[OL]．http://www.bjstats.gov.cn/

三、公共服务供给压力大

北京市政府尽管在公共服务上的财政支出每年都增加，旨在提高公共服务供给总量和质量，但是仍然无法满足人们日益增长的服务需求。以北京市的交通为例，北京交通被称为“首堵”，因为中心城区的功能过于集中，造成了城市交通压力过大，特别是上下班高峰期，虽然北京实行了错开高峰上下班的缓堵措施，但是由于机动车保有量连年增加，交通压力并没有得到有效缓解。

根据《2012 北京交通发展年度报告》提供的调查数据，机动车保有量从 2003 年的 212.4 万辆增加到 2011 年的 498.3 万辆，增长率为 134.6%，见图 1—12。并且北京市民对机动车的需求依然旺盛，大量的北京市民等着排号购买机动车。造成北京交通拥堵的主要原因，除了功能区过于集中、机动车保有量快速增长外，还有人口密度大，城区发展不平衡、优质资源比较集中等重要原因。另外，优质教育资源不足，入园难、“名校入学难”矛盾突出。“看病难”问题依然存在，基层医疗卫生服务能力尚需进一步提高。代表首都水平的文化艺术精品、品牌性文体活动以及基层公共文化体育服务内容还不够丰富。社会保障总投入占 GDP 的比重还比较低，城乡待遇差别较大。

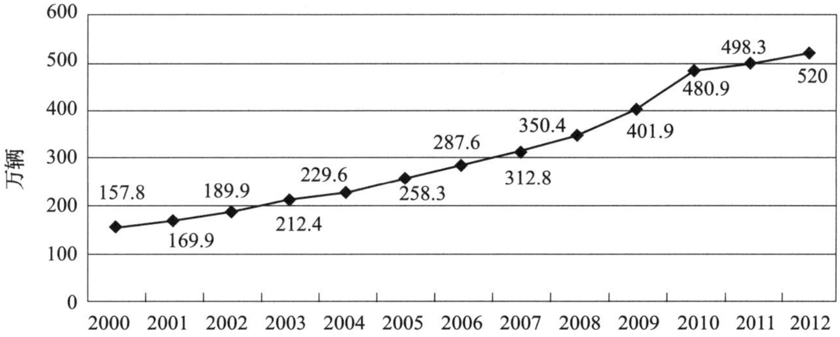

图 1—12　机动车保有量增长趋势图（2000—2012 年）

资料来源：北京市统计局. 北京统计年鉴（2001—2013）[OL]. http://www.bjstats.gov.cn/

四、城市布局不合理

目前，北京市的人口和经济社会活动主要集中于中心城区和近郊区，呈现出典型的“中心区高度集中”特征，中心城区负担过重，环境恶化。经济社会活动在中心城区高度集中，表现在城市发展形态上就是“摊大饼”。一方面，旧城“拆旧建新”，增加商贸办公楼，城市中心区的功能极度综合密集，带来了“建设性破坏”；另一方面，住宅等又自发地向“郊区化”蔓延，增加了上下班交通压力，城市交通拥堵状况愈加严重。结果造成城市基础设施供给不足、工业污染和资源紧张，激化了城市生产、建设和空间有限性之间的矛盾。最终导致地价高涨、劳动力成本增加、城市发展空间受限，直接或间接地影响了城市生活质量和投资环境的改善。而新城建设刚刚起步，与规划目标还有相当大的差距，需要经过相当长时期的建设才能聚集人才，带动新产业的发展。

五、半城市化问题突出

北京市农民和流动人口在市民化的过程中，由于没有完全融入城市生活，就带来了半城市化的问题。所谓半城市化，就是外来人口没有真正融入城市成为市民。其表现为，农民工已经离开乡村到城市就业和生活，但他们在劳动报酬、子女教育、社会保障、住房等许多方面并不能与城市居民享有同等待遇，在城市没有选举权和被选举权等政治权利，不能真正融入城市社会。

在北京，半城市化问题不单单是非农化户籍的转变和居住空间的转移，关键是人的城市化——让农民工融入城市。目前，大量农民工在城市享受的公共服务水平低，难以融入城市，这也成为北京在城市化发展过程中存在的突出问题，主要表现在以下几个方面：

（一）为农民工子女提供的教育服务不足

在学前教育方面，农民工随迁幼儿大多数进入的还是条件较差的民办幼儿园；在义务教育方面，很多农民工子女无法入读全日制公办中小学校；在高中教育方面，因要在户籍所在地报名并参加高考，这就使得跨省的农民工子女不得不在中考或高考前选择回到流出地省份就读，影响农民工子女的教育权益。

（二）农民工看病难问题突出

由于新农合的报销限制、农民工参加职工基本医疗保险的比例不高，以及农民工自身经济状况等原因，广大农民工难以获得城市正规医院的医疗服务。农民工主要从事于低薪、高危岗位，职业安全防护差，罹患职业病的人数不断增加，职业病防治形势严峻。

（三）农民工社会保障的参与率不高

北京市农民工参加社会保障的比率均不高，相关调查研究数据显示，“参与城市职工养老、医疗、失业、工伤、生育保险的比重分别为14.6%、13.0%、10.6%、12.5%，6.3%，都在15%以下；即使是2011年全国覆盖面已达到97.5%新型农村合作医疗，在京农民工参与率也仅为58.1%。”[①]其主要原因是农民工社会保险缴费水平相对于其收入较高。相当一部分农民工由于收入来源不稳定，水平较低，在负担自身开支和养家费用后，再缴纳社会保险费有一定困难。同时，由于农民工流动性相对较大，城乡社会保险转移接续制度尚不完善，影响了农民工参保积极性。个别企业为减少成本，不给农民

① 龚晶，张俊峰．北京市农民工社会保障现状调查［J］．调研世界，2013，(11)．

工办理社保或以派遣用工的形式逃避缴纳社保义务。

（四）农民工住房政策条件高

北京市未将农民工作为住房保障对象，公租房、廉租房、经济适用房等保障性住房基本上不对外来农民工开放，也缺乏针对农民工的租金补贴和实物配租政策。农民工住房支付能力弱，在城市居住环境恶劣，很大一部分农民工仍居住在地下室和城中村，严重影响了生活质量。

值得注意的是，半城市化问题不仅给农民工带来诸多困境，也给社会治理带来了挑战，当前北京正处于城市化发展的矛盾多发期，如果半城市化问题不能及时有效的解决，将使得城市化不可持续发展，甚至影响到社会的稳定。

第三节　城市化模式的国际比较

一、发达国家城市化道路

（一）发达国家城市化阶段性进程

从世界历史进程来看，西方发达国家最先实现城市化，这为我们研究城市化的发展规律提供重要历史借鉴。

1．城市化的兴起和逐步扩散（18 世纪到 19 世纪中叶）

现代意义上的城市化是从工业革命开始的。18 世纪 40 年代，第一次工业革命在英国兴起，其主要标志是机器生产普遍取代手工劳动，这时大量的人口开始聚集，这也导致了大批工业化城市的诞生，城市化也随之兴起，英国成为第一个实现城市化的西方国家。与此同时，随着工业革命的扩散，城市化也逐渐在欧洲大陆和北美洲兴起，一些国家纷纷开始了城市化道路。

2．城市化全面推进和基本实现（19 世纪中叶到 20 世纪中叶）

19 世纪 40 年代到 20 世纪 50 年代，第二次产业革命在美国、英国、德国、法国等资本主义国家兴起，其主要标志是电力的广泛应用和内燃机的发明，使人类社会由蒸汽时代进入电气时代。城市化在西方发达国家全面展开，发展速度逐渐地加快，形成了成熟的体系。发达国家的城市化水平从 1850 年的 11.4% 上升到 1950 年的 52.1%，城市人口超过了农村人口。此时，主要西方发达国家已经不同程度实现了城市化。

3. 信息化推动的现代城市化（20 世纪中叶至今）

20 世纪 50 年代以来，主要发达国家经历着第三次科技革命，其主要标志是信息技术的兴起。发达国家城市化水平向更高层次发展，实现了城市的现代化。此时的城市化发展可以分为以下三个阶段：

（1）二战后城市化恢复阶段

由于受到世界大战的重创，大部分国家的经济被破坏，城市化进程出现了停滞和倒退。战后，各西方国家纷纷开始了战后重建工作，城市再次吸引农村人口的迁入，从而带动了城市的重建和发展。

（2）20 世纪六七十年代的逆城市化或郊区化阶段

在第三次革命的推动下，西方发达国家城市的中心城区不断减少，郊区人口相应增加，这使得城市文明在郊区和农村加速扩散和普及，进一步缩小了发达国家的城乡差距。值得注意的是，西方发达国家出现的逆城市化或郊区化，并不是对城市化进程的否定和反向运动，而是城市人口分布的再调整。

（3）20 世纪 80 年代以来的城市人口再集中

由于城市建设的发展、公共服务水平的加强、环境质量的提高等原因，发达国家的城市居民从郊区返回中心城区逐渐成为一种新的趋势，城市人口随着外部条件的变化而重新聚集。

（二）发达国家城市化特征

第一，城市化基本是分成两个阶段。第一个阶段是以积聚为主要特征，城市的兴起以牺牲农业和农村为代价，大量的人口向大城市迅速积聚，导致了城市病；第二个阶段是以扩散为主要特征，政府通过各种政策手段，对人口流动加以引导，使积聚于城市的各种生产要素，向农村地域渗透、扩散、转移，推动人口往郊区、农村流动，这是城市化的调整和优化。当然，多数情况则是积聚中有扩散，或扩散中有积聚，两种情况兼而有之，但有主次之分。

第二，城市化与工业化同步。工业化的发展促使人口和产业不断集中，推动城市化发展，城市化过程中人口聚集，城市规模不断扩大，促使工业生产产生规模效应，进一步推进工业化的发展，城市化和工业化相互促进。

第三，城市化发展模式多样化。每个发达国家城市化的发展都要受到自身经济状况、社会文化、自然地理条件等具体国情的影响，一些国家走以大城市和城市群为主导的城市化道路，一些国家走中小城市协调发展的城市化道路，城市化的发展并不存在特定的模式。

第四，城市化的发展在依靠市场推进的同时也要求政府积极参与、干预。城市化发展的早期，城市的发展自由放任，出现了一系列的城市病，需要政府积极干预，进行城市规划，提供城市基础设施和公共服务设施、加强城市管理。

二、发展中国家城市化道路

（一）发展中国家城市化阶段性进程

相对于发达国家的城市化进程来说，发展中国家起步晚、水平低、潜力大。对比发达国家，发展中国家的城市化进程有自身特点，中国目前还是发展中国家，我们应吸取其他发展中国家的经验和教训，更好地指导未来的城市化发展。

发展中国家的城市化进程，大致可以划分为三个阶段：

1．早期阶段（18 世纪到 20 世纪中叶）

在 1800 年时，发展中国家的城市化水平与世界总水平相差不是很大，当时世界城市化率为 5.1%，而发展中国家城市化率为 4.3%，相差不到 1%。但是由于发达国家率先完成工业革命，并对很多发展中国家进行殖民统治，大部分发展中国家都沦为了宗主国的殖民地，它们城市的发展主要是为殖民统治者服务，即使这些国家在独立以后，依然不能形成完善的经济结构和进行社会化大生产，在经济上乃至政治上对宗主国的依赖性极大。有些国家仍然处于封建社会，自给自足的自然经济占主导地位，虽然也有城市，但一般只限于政府部门的集中地和少数大宗农产品的集散地，数量不多，规模也不大，不可能形成城市化。因此，当时世界兴起的产业革命对这些国家的影响很小，基本谈不上城市化。

2．快速阶段（20 世纪中叶至 20 世纪 80 年代）

第二次世界大战后，大部分发展中国家相继摆脱了殖民统治，建立了独立的主权国家，随着经济的发展，城市化进程开始加快。与发达国家相比较，发展中国家的城市化过程是一个城市人口爆炸的过程。据统计，从 1950—1980 年，发展中国家城市人口增加了 2.37 倍，从 1950 年的 2.87 亿人增加到 1985 年的 9.66 亿人；而同期发达国家城市人口增长速度为 78.5%。据统计，1950 年发展中国家城市人口比重为 17.0%，到 1980 年则上升到 29.2%，提高了 12.2%。50 万人口以上的大城市也迅速增加，由 1960 年的 113 座增加到 1980 年的 279 座，增加了约 1.5 倍，远远超过同期发达国家（152 座）的大城市数量。

值得注意的是，大部分发展中国家长期被殖民主义统治，并由此形成了二元经济结构，即按宗主国的意图建立并发展起来的资本主义城市经济和传统落后的乡村社会经济，一边是现代化的大城市，而另一边是贫困落后的广大农村，城市和农村是两个完全不同的世界。发展中国家独立后，二元经济几乎被原封不动地继承下来，在许多国家，为了尽快形成自身的工业体系，都优先发展重工业，牺牲农业发展来促进工业发展和城市经济发展，二元经济进一步强化。虽然这个阶段发展中国家的城市人口比重增长较快，但是并不是城市需要他们，也不完全是由于农村生产力水平的提高而剩余了他们，而是大多数农村实在太穷，他们为了较好的生存条件而进入城市，这直接导致了城市畸形发展，带来了城市病。这对发展中国家是一个严峻的考验，政府采用什么样的城市化政策至关重要。

3．快速发展阶段（20 世纪 80 年代至今）

从 1981 起，随着经济全球化的推进，发展中国家的城市化率不断地提高，有些国家和地区的城市化率已经达到了发达国家和地区的水平（见表 1—2）。由于在快速发展阶段中，发展中国家以牺牲农业为代价来发展工业，破坏了城市化的物质基础，此时很多发展中国家形成了二元经济和首位城市，人口拥挤、交通堵塞、就业困难、住房紧张、贫富两极分化、公共卫生恶化、环境污染、生态破坏等城市病凸显出来了，非洲和拉丁美洲在 20 世纪陷入了中等收入国家的陷阱，被称为“失去的十年”。现如今，许多发展中国家正积极采取各类措施，走科学发展的城市化道路。比如，非洲各个国家共同拟定的《拉各斯行动计划（1980—2000 年）》提出的要求之一：加强基础设施建设，促进城市持续协调发展。

表 1—2　　收入水平与城市化率　　单位：%

国家或地区	1981	1990	2000	2010	2012
世界	40.0	43.0	46.7	51.6	52.5
低收入国家	18.7	21.3	24.1	27.5	28.3
中等收入国家	31.4	36.3	41.8	48.2	49.5
中国	20.1	26.4	35.9	49.2	51.8

资料来源：世界银行数据库：http://data.worldbank.org.cn/

（二）发展中国家城市化特征

发展中国家独立以前大多数是西方发达国家的殖民地，独立以后城市化发展面临着工业基础薄弱、农业生产落后及人口规模庞大等问题。与发达国家城市化的道路相比，发展中国家城市化在选择城市发展的同时，只能选择符合自身发展的城市化道路。总体来讲，发展中国家城市化道路有以下几点特征。

首先，在发展过程中工业化进程和城市化进程不一致。除了少数新兴经济体外，大多数发展中国家工业化进程滞后，随着经济发展，城市化快速推进，出现了城市化过度的现象，这种缺乏经济发展基础的城市化造成了许多城市问题。

其次，城市体系发展失衡，人口分布不均衡。人口过度集中在少数大城市，中小城市发展不足，出现了居住条件恶化、交通拥挤、大量失业、贫民窟等城市问题。

再次，城市化发展过程中城乡经济发展不协调。在快速推进城市和工业化的同时忽视了农业和农村的发展，导致了城乡差距加大，不利于城市化的良性发展。

最后，城市化缺乏完善的制度和体制作为保障。市场经济制度和法治体系不完善是发展中国家存在的突出问题，造成市场主体的交易活动无法受到保障，破坏市场的合理性，造成不公平和经济效率低下等问题，严重制约了城市的发展。

第四节　国际城市化模式的警示与经验借鉴

一、国外城市化道路的警示

（一）美国城市化

美国是世界上经济最发达的国家，同时也是城市化发展最早和城市化水平最高的国家之一，其城市化水平达到85%。纵观美国城市化的发展历程，可以发现有以下几个方面值得借鉴。

1. 产业结构的灵活调整

在历史的发展过程中，美国走过了手工业时代、制造业时代和信息产业化时代。其经济中心从东部向西部、南部依次推进，区域经济由不均衡走向相对均衡。不断升级的产业结构为美国城市化提供了持久动力，通常美国的一个产业带衰落了，另一个产业带又会随之兴起。棉纺织业、钢铁业、汽车业、飞机制造业、高新技术产业、信息产业等相继成为城市化发展的动力。

从美国城市化的发展历程来看，城市化必须建立在工业化的基础之上。

换句话说，没有工业化就没有城市化。在工业化发展初期，工业发展所形成的聚集效应对城市化率的提高具有直接的带动作用；而当工业化接近和进入中期之后，产业结构转变和升级的作用超过了聚集效应的作用，非农产业就业比重上升促使城市化率上升，特别是服务业对城市化率的带动作用明显。数据显示，美国的工业化率在20世纪50年代以后开始下降，但是城市化率仍持续上升，这说明服务业等第三产业逐渐成为美国城市化的主要动力。据统计，截至20世纪末期，美国服务业的就业比重几乎达到制造业就业比重的3倍，这对城市化进程具有重要的影响。

2．充分发挥大都市区的作用

在美国的城市化过程中，大都市区扮演了重要的角色。大都市一般是一个国家和地区经济较为发达的城市区域，它在区域发展中处于核心地位，并对区域经济、社会和文化等产生多方面的影响。在城市化发展过程中，有一些城市凭借各种优势得到更快的发展，并产生较强的聚合力，吸引物质资源和劳动力向中心节点流动和聚集；同时这些中心城市也会对周边区域产生强有力的辐射作用，带动周边城市的快速发展。这些周边城市和中心城市一起，形成了大规模的都市化区域。美国在20世纪中后期形成了一批这样的都市区，以大纽约区、五大湖区和大洛杉矶区为代表的三大都市带的GDP占全美GDP的76%，这是美国多年推行大都市区经济的结果。

3．城市郊区化的大力发展

美国政府在实行郊区化的过程中推行政策鼓励。20世纪中叶，美国联邦政府建造州际的高速公路和推动农村电气化发展，这些措施有效地缩小了区域之间的差异。另外，在郊区住房政策上，美国联邦住房政策的一个重要部分是允许房屋贷款的利息用于抵税，同时政府为符合标准的私人贷款提供保证。如果私人不能付款的话，联邦政府会出面付款。这样，许多人就可以在郊区购买房屋，形成郊区化。美国一些富人和中产阶级就首先选择在郊区购房，推动了郊区化的发展。

城市郊区化大大提高了城市化水平，消除了困扰城市发展的桎梏，增加了城市辐射力，创造了一种全新的城市。同时在郊区化的作用下，美国城市空间结构由单中心逐渐发展成了多中心，形成了大都市区，带动了广大地区的发展。虽然在这一过程中，中心城市出现了一定程度的衰退，但联邦政府以及各地方政府及时采取有力措施，使得中心城市职能发生转变并逐步走向繁荣。

综上所述，美国在城市化的发展过程中，通过灵活的调整产业结构，使之不断优化升级，促进农村人口不断向新的产业转移，推动了城市化的进程。另外，通过大都市区和郊区城市化的发展，缓解了中心城的压力，促进了城市化的健康快速的发展，由此带动了美国经济的发展。

（二）日本城市化

第二次世界大战过后，日本经济得到高速发展。其中一个主要的原因就是受益于城市化的发展战略。城市化在日本制造业、现代服务业发展和科技创新中发挥了重要支撑和推动作用，这也使得日本在战后一跃成为世界经济强国。因此，研究日本城市化的发展历程及特点也会对我国的城市化发展起到一定的借鉴和指导作用。

1. 政府的强大推动作用

第二次世界大战过后，日本政府部门通过一系列强有力的措施，如制定规划、法规保障及资金扶持等手段推进战后城市化的发展。在制定规划方面，除了中央政府制定总体规划外，各地方政府均制定了本地区的中长期规划，同时通过制定法律以保障规划的实施。在财政支出方面，政府还给予一定的资金支持。

同时，中央政府对城市发展的适度干预也显得非常重要。在以行政单位划分的大都市圈的形成和发展方面，政府通过整合各个交通网络，协调不同地区的基础设施和公共服务的供给，统筹规划各中小城市、建制镇和郊区的发展，为大都市圈的发展提供了强有力的推动效果。

2．重视人才的培养和全民参与

重视人才的培养，鼓励企业和民众等全民参与是日本城市化成功的群众基础。一方面，城市化是一项庞大而复杂的系统工程，不仅需要强大的物质基础，更需要培养一批优秀的人才来为城市化建设出谋划策。例如制定合理的城市化战略、探索城市化的模式并科学地预测城市化的前景等。另一方面，城市化的发展涉及方方面面的利益，只有处理好这些利益关系，才能使城市化顺利推进。将“城市是居民的城市”作为建设城市和发展城市的一条基本原则。从城市规划设计开始，基层行政部门不仅广泛征求各界意见，而且以调查问卷的方式征求每家每户的意见，这充分体现了全民参与的原则。

3．注重全方位协调发展

日本在推进城市化的发展过程中，特别注重全方位的协调发展。充分顾及大中小城市之间的发展规模、生态环境等方面的协调发展。在解决大城市人口膨胀的问题时，加强了地方中小城市基础设施的建设和公共服务的供给，有计划地引导大城市的工业企业向中小城市转移，并建立全国性的交通网络和通信网络，逐步把中小城市的生活水平提高到与大城市相当的水平，实现大城市人口向中小城市的有序转移。另外，日本从协调自然环境、生产环境、生活环境三方面出发，在日本全国建立 300 多个“定居圈”，创造了人与自然和谐发展的综合性居住环境。这一政策的实施，在一定程度上缓解了工业布局过于集中以及人口疏密不均的矛盾。

通过以上特点我们可以发现，日本的城市化更多地强调了协调发展的策略，使日本在高速城市化的发展中，仍旧保证了对生态环境的尊重与保护，这一点值得我们去效仿和学习。

（三）巴西城市化

在过去 40 余年的时间里，巴西曾创造出年经济增长率超过 10% 的奇迹，而后又陷入了中等收入陷阱。其城市化过程中的种种经验和教训值得我们去深思和学习。

1. 要注重城乡统筹发展

在快速推进城市化的过程中要注重城乡统筹发展。巴西在城市化过程中片面强调了城市的扩张而忽略了农村的发展，导致了城乡之间的巨大差距，形成明显的二元经济结构，我们应该吸取巴西城市化的教训，通过改善农业的生产条件和农村的生活环境，提高农民的收入水平和社会福利水平，消除城乡经济的不平等现象，实现城乡协调和可持续发展。

2. 协调大中城市和小城市的发展

就城市化水平而言，巴西属于高度城市化国家，城市化水平同发达国家之间的差距已经很小。就工业化水平和社会经济发展水平而言，巴西远远落后于发达国家。因此，巴西城市化相对于工业化和整个社会经济发展水平而言是过度的。由于人口过多集中在圣保罗、里约热内卢等少数大城市，巴西产生了严重的城市问题，比如贫民窟、环境恶化等。巴西人口研究协会主席乔治·马丁曾指出，广大发展中国家必须从巴西城市化进程中吸取的教训之一是要避免外来人口过于集中。他认为，因为外来人口过于集中而使大城市出现“贫民窟”，是巴西在城市化过程中经历的最惨痛教训。

3. 推进农民市民化

准确定位农民工地位，谋求城市建设和发展新思路。拉美陷阱是发展中国家大城市病的一种典型，直接原因是进城的农民工没有成为真正的市民。一方面，农民进城后，由于收入低或者长期失业，租用不起城市的一般住宅，只好强占公共用地，用废旧瓦砖盖起简易住房，形成了贫民窟，成为犯罪率高的聚集点，对社会治安造成了严重的威胁。另一方面，农民进城后彻底失去了土地，断了后路，只有长期滞留在城市。

（四）印度城市化

1. 城市化应与经济发展相适应

城市化是伴随着工业化和经济发展而产生的，城市化水平必然与工业化和经济发展水平密切相关。发达国家走过的城市化道路都充分体现了这一规律：城市化与工业化和经济发展高度正相关。倘若偏离了这一规律，就会产生“畸形城市化”，印度滞后城市化显著加大了农村的人口负担，加剧了人口与土地之间的紧张关系，恶化了农村乃至全社会的生态环境。

2．城市化过程中应重视城市贫困

城市贫困被看作是城市的“癌症”，它造成了苦难生活的恶性循环。印度经济处在社会转型时期，农村地区的贫困导致人民离开穷乡僻壤到城市中心寻找工作，但由于没有有效的融入城市，也不能在一些正规的部门工作，逐渐被社会边缘化，其中大多数住在贫民窟中。2010 年印度住房和城市扶贫部的调查报告称，印度全国城市贫民窟人口在 2001 年度人口普查时为 7 526 万人，但到 2011 年底，城市贫民窟人口预计将达到 9 306 万人，这甚至超过了德国的人口总数。同时报告指出，到 2011 年底，印度首都新德里的贫民窟人口将达 316 万人，比 2001 年增加 85 万人，而金融中心孟买所在的马哈拉施特拉邦的贫民窟人口将达 1 815 万人，位居印度各邦之首。贫民窟问题长期存在，严重影响了社会稳定，必须要采取各种措施减少城市贫困，最根本是要控制人口增长，缩小城乡差别。

3．警惕城市化给环境带来的危害

随着城市化进程的加快和人口的增加，人类赖以生存和发展的环境不断发生变化，资源、环境、人口等社会经济问题也日益尖锐，印度在城市化过程中，环境污染的程度也呈现螺旋式上升的趋势，几乎已经达到失控的状态。对印度百万人口城市进行的空气质量检测表明，半数以上的城市空气质量到了危险的级别，严重危害到居民的生命健康，其中对老人和儿童的危害最为严重。每年大概有 300 万人死于空气污染，仅印度首都新德里每天就有 24 人死于空气污染①。

① 张蕴岭，孙士海．亚太地区发展报告 NO.2（2001）[M]．北京：社会科学文献出版社，2002.

二、国外城市化的经验借鉴

（一）政府适度的干预

西方发达国家常常通过进行各种政策干预，如政府直接实施城市发展和改造计划，有效缓解了各种城市问题。英国是工业革命的发源地，也是全球第一个实现工业化和城市化的发达国家。从15世纪末的“圈地运动”到19世纪中叶，英国完成城市化，但是城市化过程中形成了不同的利益集团并带来了诸多的社会矛盾，形成了城市和农村的对立，资本家和工人的对立，及资本的私人占有形式和社会化大生产的冲突对立，直接导致了工人生活居住条件的恶化，死亡率的上升，贫富差距拉大，环境污染严重。19世纪以来，英国政府利用法律手段调节城市化带来的一系列问题，颁布了一系列的法律法规，如1601年开始实施的《济贫法》，1875年通过的《公共卫生法》，1947年颁布的《城乡规划法》等；1944年，英国政府接受了贝弗里奇报告的建议，发布了社会保险白皮书，并制定了《国民保险法》《国家卫生服务法》《家庭津贴法》《国民救助法》等一系列法律。在政府的干预和调节下，英国在20世纪中期结束了自由式的城市化模式，创造了合理的城市化的新方式。

（二）积极培育城市主导产业

城市发展与产业发展有直接的关系，著名经济学家缪尔达尔认为，当城市发展到一定的水平时，决定城市增长的不再是本地的资源禀赋，而是城市本身集聚资本、劳动力等生产要素的能力。这种能力取决于城市能否形成一种繁荣的主导产业，这一产业将会派生出新的产业，而新的产业又能形成一种繁荣的主导产业及其派生出的新产业。这种累积和循环的产业发展过程，推动城市不断向前发展。美国和巴西城市化的经验充分说明，因地制宜地培育具有竞争优势的主导产业，是保持城市活力、推动城市发展的重要条件。例如，美国的硅谷是IT产业的云集地，纽约是美国的商业和金融中心，迈阿密是美国南部著名的旅游城市和退休老人的理疗圣地。

（三）形成合理城市体系

形成合理的城市化体系，不仅有效地解决了传统上靠无限扩张中心城市管辖范围来实现城市规模扩张所带来的缺陷，抑制了大城市规模过于膨胀的问题，而且有利于大中小城市在空间和产业布局上相互依存和配套，形成功能互补的城市体系。德国的城市体系布局合理，大中小城市合理发展，共有 11 个大都市圈，城市分布形成了“多中心”格局，分布在全国各地，聚集着 4 430 万人口，占全国总人口的一半。德国的中小型城市星罗棋布，数量多且分布均匀。全国大中小城市 580 多个，其中百万人以上城市只有 3 个，而人口在 2 万 ~ 20 万的城市却占了 60% 左右。全国 8 200 多万人口，1/3 居住在 0.2 万 ~2 万人规模的小城市里。

（四）提升中小城市的地位

目前发达国家的小城市发展已经较为完善，在整个城市体系中占有重要地位。由于区域发展较为均衡，小城市兼有交通便捷和接近大自然的双重优势，拥有比大城市更为宜居的生活环境，另外不少国家的大城市非常重视卫星城的建设，并将其作为缓解人口压力和经济、社会、环境问题的重要手段，加以统筹考虑。在德国，大部分人生活在 10 万人的城市里，这些中小城市距大中城市半个小时到一个小时的车程。德国这种人口分布特点既得益于中小城市完善的基础设施，又与德国完善的法制体系分不开。

第五节　北京市未来城市化发展

一、充分汲取国外城市化的教训

（一）城市化与经济发展不相适应

城市化是伴随着工业化和经济发展而产生的，城市化水平必然与工业化和经济发展水平密切相关。发达国家走过的城市化道路都充分体现了这一规律：城市化与工业化和经济发展高度正相关。倘若偏离了这一规律，就会产生“畸形城市化”，具体表现为滞后城市化和过度城市化：①滞后城市化，城市化水平落后于工业化和经济发展水平，就会显著加大农村的人口负担，加剧人口与土地之间的紧张关系，恶化了农村乃至全社会的生态环境。印度、孟加拉、印度尼西亚等一些南亚、东南亚国家就属于这种状况。②过度城市化，城市化水平明显超过工业化与经济发展水平，就使得大量的农村人口涌入少数的大中城市，城市人口过度增长，城市建设跟不上人口城市化的步伐，农村劳动力迁入城市后没有融入城市生活和正规的就业，造成了严重的“城市病”。巴西、墨西哥等拉美国家就属于这种状况。

（二）城市发展不均衡

城市化是由大中城市和小城市的发展、完善来体现的，而很多发展中国家城市发展不平衡形成了“首位城市”，即在一个相对独立的地域范围内（如全国、省区等）或相对完整的城市体系中，处于首位的、亦即人口规模最大的城市。例如巴西人口过多集中在圣保罗、里约热内卢等少数大城市，这也产生了严重的城市问题，其中最严重的是城市贫民窟现象，它成了困扰巴西经济社会发展的难题之一，造成了一系列严重的社会后果。

（三）城乡缺少统筹发展

农村与城市相互联系，相互补充，农村的发展离不开城市的带动，城市的发展也离不开农村的促进与支持。城市化过程中，如果片面推进城市化，这个国家就会出问题，城市化就会变质，巴西、印度等发展中国家已经给我们敲响了警钟：没有农业的现代化，就没有真正的城市化。而韩国在这方面做得相对比较好，20 世纪 70 年代初，韩国的城乡之间差距不断扩大，发展严重失衡，形成了典型的二元经济结构，韩国政府开始正式实施新农村建设与发展运动（简称新农村运动），经过几十年的新农村运动，韩国农村面貌发生了翻天覆地的变化，基本实现了城乡经济的协调发展，对韩国经济快速发展和推动社会和谐发展发挥了重要作用。

二、北京市未来新型城市化规划

过去 30 多年，北京市的城市化发展取得了骄人的成绩。2013 年，北京市城市化率已达 86.3%，与高收入国家城市化水平接近，产业结构也与高收入国家基本一致。然而，北京高速城市化的背后也面临着一系列急需解决的现实问题：如人口、资源、环境矛盾突出；城乡二元结构仍旧显著，城乡居民在收入水平、教育、医疗、社会保障等方面的差距依然存在，基本公共服务尚不均等；同时本地居民与外来人口的社会矛盾也日趋显现。因此，北京市在未来城市化的规划中必须解决发展中存在的现实问题，不断提高城市化的质量，实现城市的可持续发展。

（一）严格控制城市规模

《北京市城市总体规划（2004—2020 年）》从资源环境承载能力、公共服务等方面提出了必须严格控制城市规模：①适宜的城市人口规模。到 2020 年，北京市总人口规模控制在 1 800 万人左右，年均增长率控制在 1.4% 以内。其中户籍人口 1 350 万人左右。同时，应该积极推进城市化进程，着重提高城市人口的素质，特别是优化中心城的人口素质结构。②合理的城市建设用地规模。到 2020 年，北京市建设用地规模控制在 1 650 平方公里，人均建设用地采取国际上人均建设用地的最低限 105 平方米。

（二）调整城市空间布局，协调城乡发展

在未来的城市化发展过程中，北京市应该合理调整城市空间布局，协调城乡发展。在城市空间布局方面，着力构建“两轴—两带—多中心”的城市空间结构，而新城是北京市“两轴—两带—多中心”城市空间结构中两个发展带上的重要节点，最终形成中心城—新城—镇的市域城市结构；对于城乡一体化，总体规划提出打破城乡二元结构。有效引导城市化的健康发展，构筑城乡一体、统筹协调发展的格局，是北京市全面建设小康社会，率先基本实现现代化的必然要求；是促进“三农”问题解决，促进农村繁荣、农业发

达、农民富裕的根本出路；是改善生态环境，集约利用土地资源，拓展城市发展空间的客观需要。

（三）加快小城市的建设

强调小城市的建设对于推进北京市健康的城市化发展有很强的现实意义。总体规划指出要依托现有的高速公路和基础设施，建设环境适宜，基础设施健全，独具特色的小城市，促进小城市从数量多向质量高转变。在加快小城市建设中，要优先发展重点镇。重点镇在生态条件和资源条件等方面都有自身的优势，随着经济的发展，应该协调各重点镇和周边城市地区的发展，促进相互帮助，联动发展，形成以重点镇带动周边城市共同发展的格局。

（四）以产业更新带动新型城市化发展

北京市在城市化的发展过程中，应该以周边各区县的自身特点为基础，实行产业创新，带动各自地区的城市化发展。例如，通州位于北京的东部，同时紧靠 CBD，北京市在最近的规划中，有意将其发展为综合服务区，承接中心城的行政、商务文化创意等功能，推动地区产业的更新，重点在现代服务业和文化创意产业上。通过打造运河北京文化商务中心区，吸引国内外领先企业总部的入驻，与 CBD 东扩相呼应，建设成为现代化的国际新城，推动该地区的城市化的发展。又比如房山，地处北京西部，有得天独厚的旅游资源。因此，可以大力发展生态旅游产业，通过规划生态旅游景区，建设生态旅游产业园，建设地区性的旅游公司，以股份制的形式推动周边居民参与到生态旅游的建设中，推动该地区的城市化发展。对于北京其他地区，仍可以此思路，根据各地区的资源优势，以产业更新推动该地区的城市化发展。

城市化，归根到底是人的城市化。在《北京市国民经济和社会发展第十二个五年规划纲要》中，明确提出了要坚持以人为本，把保障和改善民生作为根本出发点和落脚点，使发展成果更好地惠及全体人民。因此，为了实现北京世界大都市的发展目标，在推进城市化的进程中，必须同时在以下两个方面做出努力。

1．提高城市人口的综合素质

北京城市化建设的一个重点，就是要打造真正的代表北京城市形象的人的城市化。因此，首先必须提高城市人口的综合素质，加强城市人口的思想教育，合理配置北京城市教育资源，重点提高农业转移人口的整体素质和文明程度，打造“爱国，创新，包容，厚德”的北京精神，形成符合世界大都市的人文风范。

2．保障城市人口的福利权利

在统筹城乡发展，推动城乡一体化建设之中，必须有序推进农业转移人口市民化，保障城市人口的福利权利。加快改革现有的户籍制度，打破捆绑在户籍制度上的各种不平等的权利福利，保障城市人口特别是农业转移人口在就业、住房、养老、医疗等方面的基本公共服务，将农业转移人口纳入社区卫生和计划生育服务体系，提供基本医疗卫生服务。把进城落户农民完全纳入城市社会保障体系，将农村养老保险和医疗保险规范接入城市社会保障体系，完善并落实医疗保险关系转移接续办法和异地就医结算办法，整合城乡居民基本医疗保险制度，加快实施统一的城乡医疗救助制度等，使其有尊严的在城市中工作生活。

总的来说，未来北京城市化的发展应紧紧围绕着“人文北京、科技北京、绿色北京”的发展战略，以建设中国特色世界城市为战略目标。坚持以科学发展为主题，以转变经济发展方式为主线，突出首都特点，走以人为本的新型城市化道路，努力实现城乡一体化发展，使全体市民共享首都经济发展的成果。

参 考 文 献

[1] 李永进，张士运．北京城乡一体化进程评价研究[M]．北京：北京科学技术出版社，2009，(12).

［2］文魁，祝尔娟等．京津冀发展报告（2013）［R］．北京：社会科学出版社，2013，（3）.

［3］北京市经济与社会发展研究所课题组．北京市城市化发展道路研究［C］．迈向全面建成小康社会的新型成这话道路研究．北京：经济科学出版社，2013，（7）

［4］童玉芬等．首都人口与环境关系［M］．北京：中国劳动社会保障出版社，2012，（8）.

［5］北京市水务局．北京水资源公报（2012）［R］.

［6］北京市环保局．北京市环境状况公报（2012）［R］.

［7］北京市政府．北京市十二五规划全文［R］.

［8］潘小川，李国星，高婷．危险的呼吸：PM2.5 的健康危害和经济损失评估研究［R］．北京：中国环境科学出版社，2012，（12）.

［9］北京市政府．北京市生活垃圾处理设施建设三年实施方案（2013—2015 年）［R］.

［10］北京交通发展研究中心．2012 北京交通发展年度报告［R］.

［11］中国发展研究基金会．中国发展报告 2010：促进人的发展的中国新型城市化战略［R］.

［12］龚晶，张俊峰．北京市农民工社会保障现状调查［J］．调研世界，2013，（11）.

［13］何志扬．城市化道路国际比较研究［D］．武汉大学博士学位论文，2009.

［14］高佩义．中外城市化比较研究［M］．天津：南开大学出版社，2006，（4）

［15］联合国环境规划署．非洲环境展望 –3［R］

［16］北京市政府．北京城市总体规划（1991—2010 年）［R］

［17］北京市政府．北京城市总体规划（2004—2020 年）［R］

［18］李仲生．发达国家的人口变动与经济发展［M］．北京：清华大学出版社，2011，（6）．

［19］任冲．印度城市化进程中存在的问题及原因探析［J］．东南亚纵横，2013，（8）．

［20］张蕴岭，孙士海．亚太地区发展报告．NO．2（2001）［R］．北京：社会科学文献出版社，2002，（8）．

［21］郭光磊等．北京市新型城市化问题研究——战略与政策分析［M］．北京：中国社会科学出版社，2013，（3）．

第二章
北京市人口变动与就业

就业是民生之本，是人民改善生活的基本前提和基本途径。北京作为中国的首都，是全国政治、文化和经济中心，研究其就业市场的历史演变与阶段性特征，不仅对北京市未来的经济发展政策规划产生重要影响，更对全国的就业导向具有十分重要的意义。下面我们就北京市就业市场的人口与劳动力、从业总量、就业结构、城市登记失业与新增就业、城乡居民收入这五部分的历史演变和阶段性特征进行分析。

第一节　北京市人口与劳动力变化

2013 年年末，北京市常住人口总量达到 2 114.8 万人，其中常住外来人口 802.7 万人，占常住人口比重的 38.0%，年末人口总量较上年年末增加 45.5 万人。常住人口中城市人口 1 825.1 万人，占常住人口比重的 86.3%。北京市 15 岁以上人口为 1 914.7 万人，城市经济活动人口为 561.98 万人，城市劳动参与率为 34.65%，城市新增就业全年为 42.9 万人，较去年有稳步提升。6 岁以上人口中，北京市大专及以上文化程度的人口占 35.1%，高中文化程度人口占 20.7%。与此同时，6 岁及以上北京市常住人口平均受教育年限达到 11.6 年，较全国平均水平高 2 年，可见北京市人口文化素质保持在较高水平，且具有其特殊性。[①]

① “数据来源：北京市宏观经济与社会发展基础数据库 http://www.bjhgk.gov.cn/ww/MenuItemAction!queryMenu”

北京市自新中国成立至今，人口和劳动力水平分为两个主要发展阶段，1949 年到 1978 年和 1978 年到至今。

首先回顾一下新中国成立之后到改革开放前这一阶段。根据北京统计局编写、中国统计出版社出版的《北京 50 年》所提供的统计资料，对北京市 1949—1978 年的人口变化进行分析，发现北京市 1949—1978 年的人口变化表现为“反 Z 型曲线”，拐弯处在 20 世纪 50 年代。北京市 1949—1978 年的人口变化中，总人口数是呈增长态势的。1949 年总人口数为 209.2 万人，到 1978 年增长至 871.5 万人。在 20 世纪 50 年代的前期较平稳，20 世纪 50 年代中期至 60 年代初具有一次跳跃式增长。从 1955 年到 1958 年之间增幅最大、最明显，由 1955 年的 328.0 万人增至 1958 年的 658.8 万人，形成了“反 Z 型曲线”的拐弯点。1958 年之后进入了较为平缓的增长期，增长幅度较小。

改革开放以来，如图 2—1 所示，北京市常住人口总数逐年稳步提升，城市人口总数与常住人口总数变化趋势相同，相比之下，乡村人口总数在改革开放以来保持平稳且略有下降的趋势。这可能是由于北京作为一个特大型城市，在城市化过程中，就业吸附能力也随之增强，不仅如其他处于城市化的城市一样吸收了大量的农村剩余劳动力，而且也吸附了大量的其他城市人口，造成了常住人口及城市人口逐年攀升，而农村人口比例略有下降的趋势。

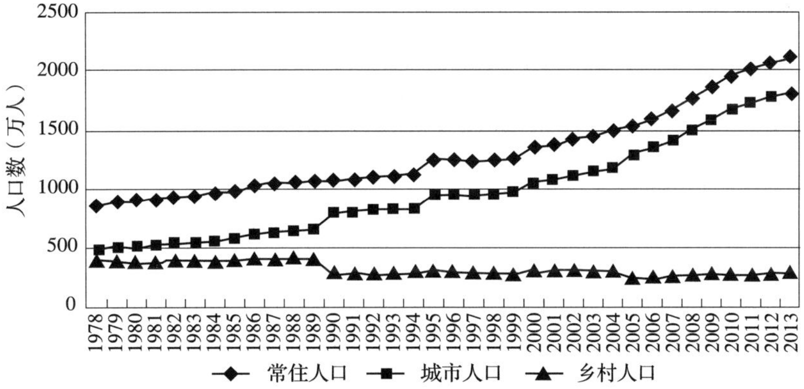

图 2—1　1978—2013 年北京市常住人口变化

资料来源：北京市宏观经济与社会发展基础数据库 .http ：//www.bjhgk.gov.cn/ww/MenuItemAction!queryMenu

其次，如图 2—2 所示，在北京市的常住人口中，常住外来人口所占比例已由 1978 年的 2.5% 上升至 2013 年的 38.0%。北京市作为中国农村劳动力大规模流入的几大地区之一，长期以来扮演着农村剩余劳动力和外来劳动力蓄水池的角色。外来人口的大量迁入无疑对北京市的就业市场产生一定的影响。

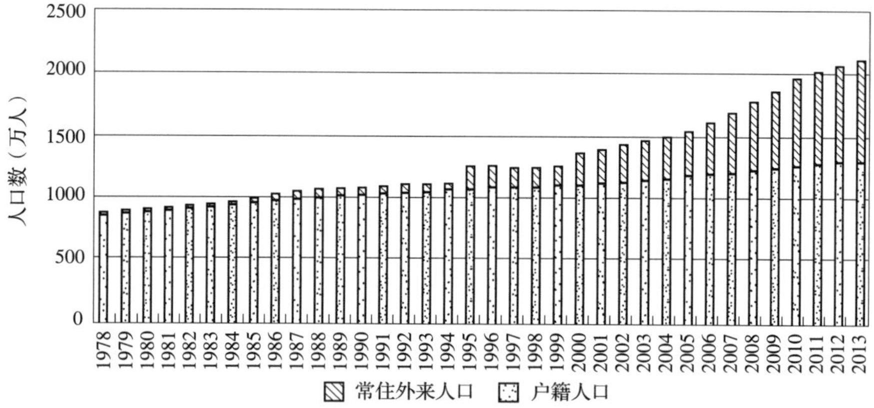

图 2—2　1978—2013 年常住外来人口与户籍人口

资料来源：北京市宏观经济与社会发展基础数据库 .http：//www.bjhgk.gov.cn/ww/MenuItemAction!queryMenu

最后，如图 2—3 所示，从 2001 年至今，随着北京市常住人口的稳步增加，北京市劳动年龄人口总数也逐步增加，且二者的变化趋势大致相同。劳动年龄人口的增多无疑对北京市人口就业产生沉重压力，并且在过去相当长的时间内加剧了北京市劳动力的供求矛盾，对本地劳动力市场形成一定的冲击。

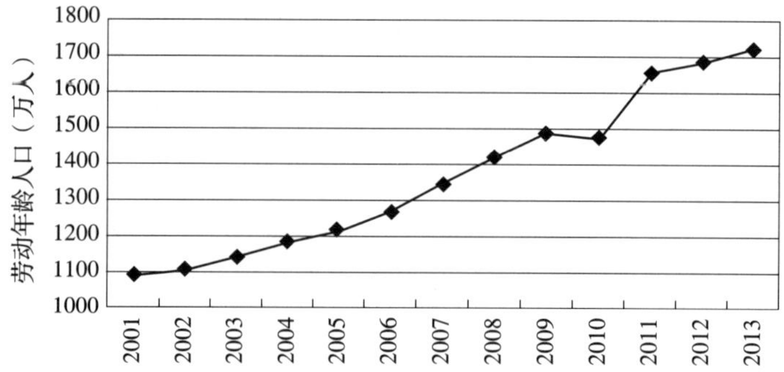

图 2—3　2001—2013 年北京市劳动年龄人口变化

资料来源：北京市历年统计年鉴。

第二节　北京市就业总量与结构

一、北京市从业总量变化特征

图 2—4 所反映的是 1978—2012 年间北京市历年来从业人员年末总数的基本情况，依据图表，我们可以把北京市从业总量的变化发展分为三个阶段：

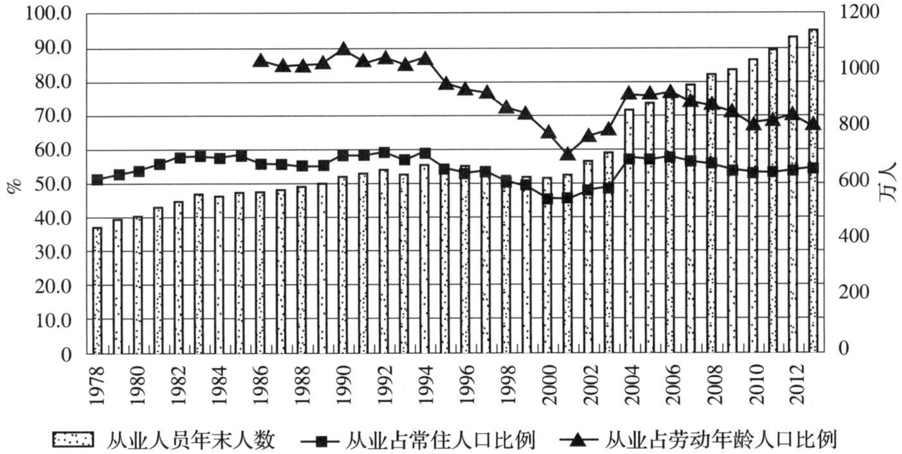

图 2—4　1978—2013 年北京市从业人员变化

资料来源：北京市历年统计年鉴。

第一阶段，1978—1990 年间，北京市从业人员总量处于小幅波动阶段，但是总体保持上升趋势。从业人口总量由 1978 年的 444.1 万人逐步增至 1990 年的 627.1 万人，平均每年增加 15.3 万人，平均每年增长率为 3.4%。这一阶段的上升趋势主要归功于改革开放以来，经济水平的逐步提高，劳动力需求得以持续增加。

第二阶段，1991—1999 年间，从业人口总量大幅波动阶段。从业人口总量从 1991 年的 634 万人持续增加到 1995 年的 660.2 万人。而从 1996 年开始，从业人口总量由 660.2 万人减少到 1999 年的 618.6 万人，平均每年减少 10.4 万人，平均每年下降幅度约为 1.7%。这一阶段北京市从业人口总量的下降主要是由于北京市经历了一段时间国企职工下岗潮，但是由于国民经济正处于调整上升期和高速发展期，再加上国家政策的特别倾斜照顾，其负面影响被降到了最低。

第三阶段，2000—2012年间，北京市从业人口总量迅速增长。从2000的619.3万人增长到2012年的1 107.3万人，13年间从业人口总量得到迅速提升，平均每年增加从业人员37.5万人，且在2002年北京市从业人员总量有大幅提升，较2001年增加150.8万人，之后逐年保持一定增长率，稳定增长，平均每年增长率为6.1%。我国于2001年末加入世界贸易组织，而北京作为中国的首都，在经济发展总量与促进积极就业中，更是处在领先的地位，这导致了自2000年以来，北京市从业总量的不断攀升。

最后，由图2—4，我们可以清晰地看到北京市从业人员占常住人口的比例在1978至2012年间一直在40% ~ 60%的比例之间波动，而北京市从业人员占北京市劳动年龄人口比例则在60% ~ 85%之间波动，比较而言，后者波动较大，且二者均在2001年左右达到低谷，由于北京市的常住人口与劳动年龄人口量均处于稳步上升的趋势，所以比例变化则主要是由于北京市从业人员年末人数的大幅变化引起的。

二、北京市就业结构的变化特征

（一）北京市三次产业就业结构

如图2—5所示，1978—2013年间，北京市的三次产业就业结构得到了不断的优化与调整，总体朝着促进就业的方向发展。第三产业从业人员逐年增加，且与从业人员总量的变化趋势大致相同，在2002年左右第三产业从业人员总量得到迅速攀升，总体来看，比例处于不断上升的趋势。而北京市的第一产业虽伴随着小范围时间点的短期波动，但总体呈现稳步下降的趋势，变化速度明显慢于第二产业和第三产业。北京市的第二产业从业人员总量则经历了一个先上升后下降的过程，并在1993年左右，达到峰值。

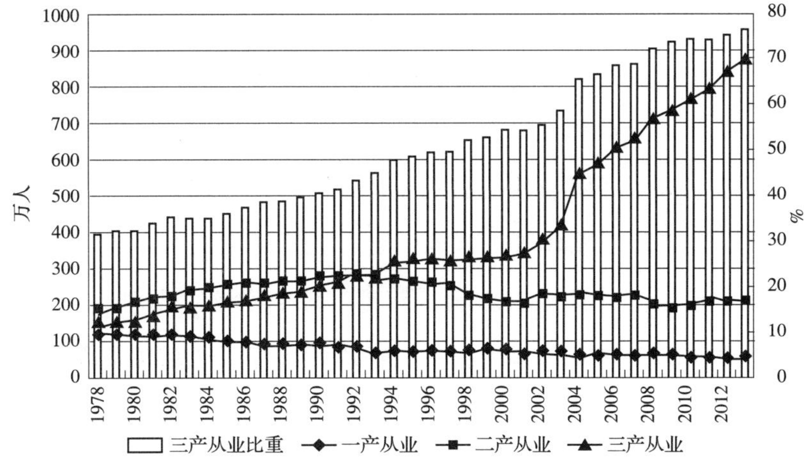

图 2—5　1978—2013 年间三次产业就业结构

资料来源：北京市宏观经济与社会发展基础数据库 .http：//www.bjhgk.gov.cn/ww/MenuItemAction!queryMenu

与此同时，如图 2—6 所示，北京市的三次产业就业结构也由 1978 年“二三一”结构转变为 2013 年“三二一”结构，在 1978 年，北京市的第三产业占总体经济的 31.6%，2013 年，上升至 76.7%，平均每年上升 1.3%。北京市的第二产业则相应由 40.1% 下降到 18.5%，平均每年下降 0.6%，变化速度慢于第三产业。

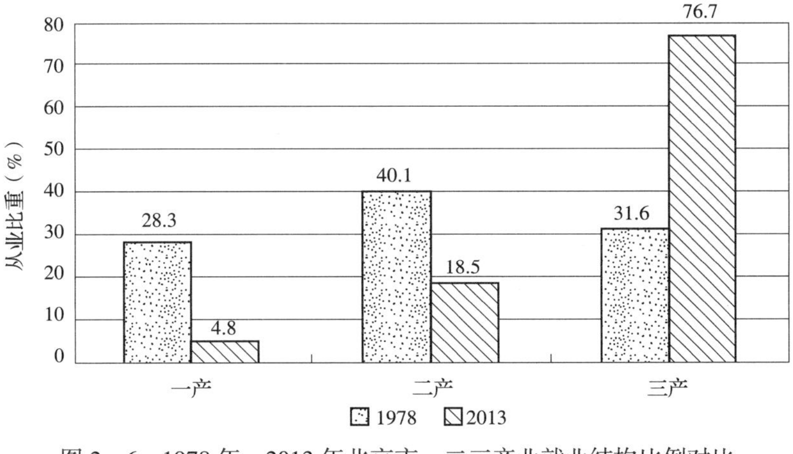

图 2—6　1978 年、2013 年北京市一二三产业就业结构比例对比

资料来源：北京市宏观经济与社会发展基础数据库 http：//www.bjhgk.gov.cn/ww/MenuItemAction!queryMenu

北京市产业结构的变化与首都经济社会发展战略密不可分。1978 年以前，在以发展大工业为指导思想的前提下，北京迅速成为我国重要的新兴工业基地，实现了从消费城市向生产城市的转变。虽然以这种思想为指导的经济建设极大地促进了经济与社会的发展，但同时也存在经济结构不合理、资源消耗过度、生态环境恶化等一系列问题，北京一度成为世界上空气污染最严重的十大城市之一，这极大影响了首都功能的发挥。面对这一严峻形势，北京市在战略发展上做出首都经济的调整，即推进产业结构升级调整：发展和完善“三二一”的产业格局，进一步提高第三产业在 GDP 中的比重，同时保持强大的工业，保持建筑业在国民经济中的支柱产业地位，在全国率先实现了农业现代化。

（二）城乡就业结构

从城乡就业结构看，1978—2012 年，北京市城市就业人口所占比例由 1978 年的 66% 上升到 90%，相应的，北京市乡村就业人员所占比例由 1978 年的 34% 下降到 2012 年的 10%。如图 2—7 所示，1978—2012 年间，北京市城市就业人员总体呈上升趋势，且与北京市从业人员年末人数变化趋势大致相同，乡村就业人员虽有小幅波动，但总体保持在 200 万人左右，至 2008 年左右，出现明显下降趋势。结合北京市三次产业就业结构，乡村就业人员比例的大幅减少以及第三产业比重的大幅攀升说明了农村剩余劳动力和第二产业过剩劳动力向第三产业转移的客观事实，在某种程度上，第三产业也成为吸纳剩余劳动力，解决就业的重要途径。

（三）不同经济成分就业结构

从不同经济成分就业结构看，北京市统计局公布的相关数据显示，国有单位从业人员由 1978 年的 240.9 万人减少到 2013 年的 189.5 万人；城市个体私营经济组织的从业人员至 2013 年底已达 330.7 万人，占同期北京市城市就业人数的 28.98%；各种外商投资和多种形式经济，非全日制、临时性、季节性、钟点工、弹性工作等各种就业形式得到迅猛发展，成为扩大就业的重要渠道。

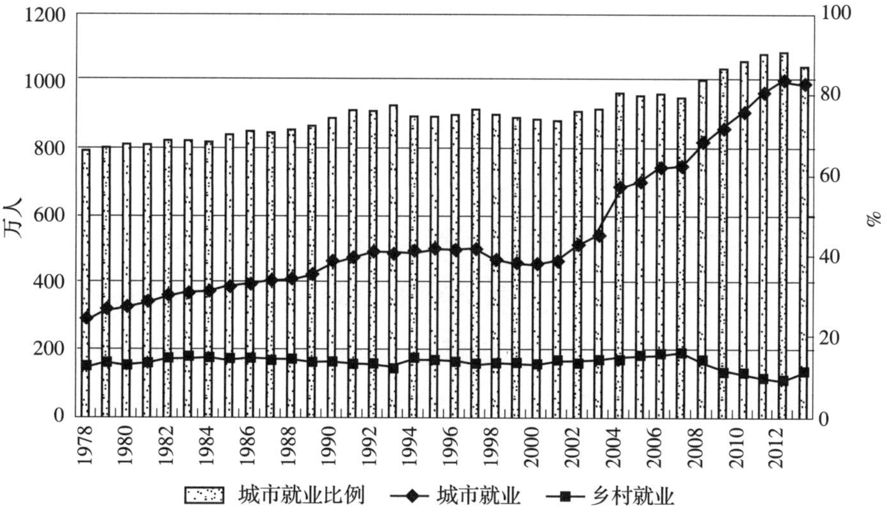

图 2—7　1978—2013 年城乡从业人员变化

资料来源：北京市宏观经济与社会发展基础数据库 .http：//www.bjhgk.gov.cn/ww/MenuItemAction!queryMenu

（四）阶段性特征

由此，我们可以将北京市就业结构变化发展分为三个阶段。

1．第一阶段整体呈现“二三一”格局，城乡就业人员总量上升

1978—1989 年间，第一产业就业人数和就业比重呈快速下降趋势，第二产业就业人数和就业比重总体呈上升趋势，第三产业就业人数和就业比重上升速度快于第二产业，三次产业就业结构呈“二三一”的格局。城市就业人员稳步攀升，乡村就业人员处于平稳发展阶段。国有单位从业人员比重快速增长，就业形式相对单一。

2．第二阶段中“三二一”格局初现，各种经济成分从业人员比重出现波动

1990—1997 年间，第一产业、第二产业就业人数和就业比重总体呈下降趋势，第二产业就业人数和就业比重的变化速度快于第一产业，第三产业就业人数和就业比重稳步上升，至 1997 年年底，第三产业就业比重上升至 50%，第三产业成为北京市劳动力就业的主要渠道，就业结构由“二三一”

演变为“三二一”的格局。城市就业人员人数虽有短期波动，但是总体呈现上升趋势，乡村人员就业比重依旧处于稳定阶段。国有单位从业人员就业人数增长在1992年达到峰值，1992年以后，国有单位从业人员就业人数开始减少，各种就业形式迅速兴起。

3．第三阶段中第三产业成为支柱产业，乡村就业人员比例下降

1998—2012年间，第一产业就业比重继续下降，第二产业就业比重总体呈下降趋势，第三产业就业比重迅速上升，至2012年底，第三产业所占比重已达三次产业就业比重的76%。城市就业人员人数处于稳步上升阶段，至2007年年底，乡村就业人员稳定且有小幅上升，2008年开始，乡村就业人员人数开始大幅下降，至2012年年底，乡村就业人员只占北京市就业人员的10%。1998年开始，国有单位从业人员人数处于稳步下降趋势，各种外商投资、多种形式经济和各种就业形式都得到迅猛发展。

（五）产业结构的升级

产业结构升级程度标志着一个国家或一个地区经济发展水平的高低、发展阶段和方向，城市化的升级发展会逐渐向第二、三产业提升，其主要表现为第一产业就业人口比重减少，第二、三产业就业人数所占比重增加。此时大量的农村人口从农村转移到城市中，使得劳动力从第一产业向到第二、第三产业转移，表2—1显示了自2000年以来三次产业从业人员的数量以及构成，促进了北京市的经济快速发展，同时也推动产业结构的不断优化升级。

表2—1　　三次产业从业人员及构成

年份	第一产业（万人）	第二产业（万人）	第三产业（万人）	第一产业构成（%）	第二产业构成（%）	第三产业构成（%）
2000	72.9	208.2	338.2	11.8	33.6	54.6
2001	71.2	215.9	341.8	11.3	34.3	54.4
2002	67.6	235.3	376.3	10.0	34.6	55.4

续表

年份	第一产业（万人）	第二产业（万人）	第三产业（万人）	第一产业构成（%）	第二产业构成（%）	第三产业构成（%）
2003	62.7	225.8	414.8	8.9	32.1	59.0
2004	61.5	232.8	559.8	7.2	27.3	65.5
2005	62.2	231.1	584.7	7.1	26.3	66.6
2006	60.3	225.4	634.0	6.6	24.5	68.9
2007	60.9	228.1	653.7	6.5	24.2	69.3
2008	63.0	207.4	710.5	6.4	21.2	72.4
2009	62.2	199.6	736.5	6.2	20.0	73.8
2010	61.4	202.7	767.5	6.0	19.6	74.4
2011	59.1	219.2	791.4	5.5	20.5	74.0
2012	57.3	212.6	837.4	5.2	19.2	75.6
2013	55.4	210.9	874.7	4.8	18.5	76.7

资料来源：北京市宏观经济与社会发展基础数据库.http：//www.bjhgk.gov.cn/ww/MenuItemAction!queryMenu

城市化的核心是第一产业就业人口向第二、三产业转移，即第二、三产业的就业人数越多，城市化水平也越高。由第六次人口普查的资料，我们可以看出，东城区第三产业人数占总人数的比例在北京市范围内最高，可以达到84.66%，而最低的为平谷区，为23.20%。因为随着第一产业生产率提高，剩余劳动力则由第一产业向更高级的第二、三产业转移，增加了第二、三产业的从业人员，从而提高了人口城市化的水平。

三、城市登记失业与新增就业的变化比较

尽管北京市就业压力持续加大，北京市政府采取多种措施，有效地控制了城市失业率的急剧上升。2013年，全市新增就业42.87万人。年末全市实有城市登记失业人员6.81万人，比上年末减少0.4万人。与此同时，如图2—9所示，城市新增就业人数保持稳步发展，城市登记失业人数也处于稳步下降阶段。

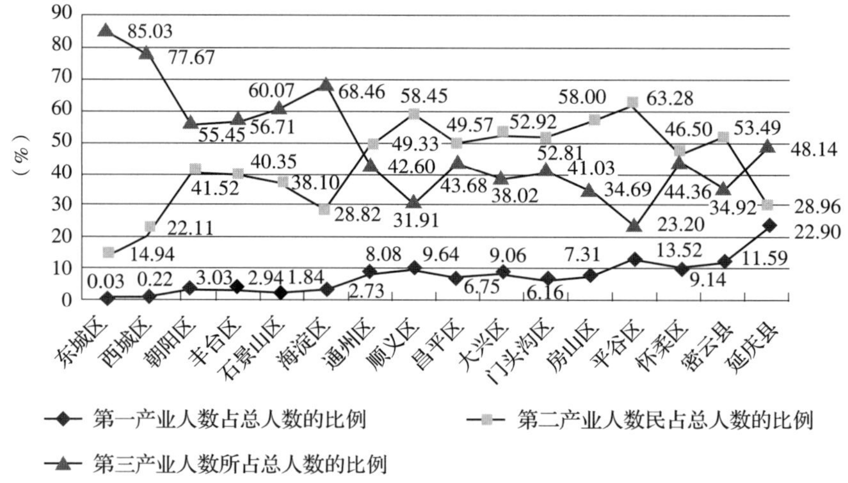

图 2—8　各区县三大产业的就业人数占总人数的比例

资料来源：北京区域统计年鉴 2010.http ：//www.bjstats.gov.cn/.

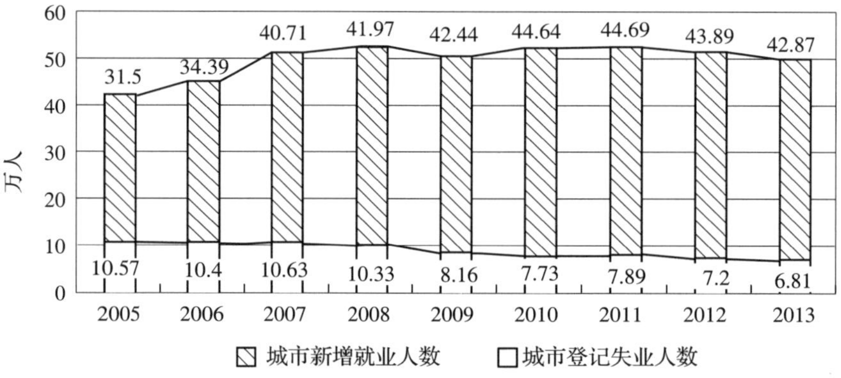

图 2—9　2005—2013 年间城市登记失业与新增就业人数比较

资料来源：北京市宏观经济与社会发展基础数据库 .http ：//www.bjhgk.gov.cn/ww/MenuItemAction!queryMenu

如图 2—10 所示，1979—1990 年间，北京市城市登记失业率[①]总体处于下降趋势，伴有小幅波动。1991—2007 年间，北京市城市登记失业率总体处

① 城市登记失业率，是报告期内在劳动保障部门登记的失业人数占期末从业人员与期末实有登记失业人数之和的比。计算公式 ：城市登记失业率 = 期末实有登记失业人数 /（期末从业人员 + 期末实有登记失业人数）× 100%。

于上升趋势，且于2007年达到峰值为10.63%，高失业率可能是由于2005—2007年间城市登记失业人数的大幅增加。2008—2012年间，由于政府的有效调控，北京市城市登记失业率稳步下降，至2013年底，北京市城市登记失业率为1.21%，比上年末下降0.06个百分点。

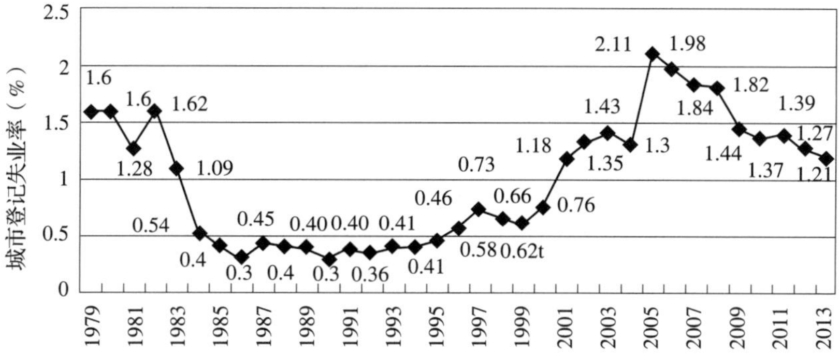

图2—10 1979—2013年间城市登记失业率变化

资料来源：北京市宏观经济与社会发展基础数据库.http：//www.bjhgk.gov.cn/ww/MenuItemAction!queryMenu

四、北京市城乡居民收入

随着经济的发展和就业机会的增多，如图2—11所示，居民收入不断增长。1978—2012年间，城市居民人均可支配收入由365.4元增长到36 469.0元，增长98.8倍；农村居民人均纯收入由224.8元增长到16 476.0元，增长72.3倍。城市居民可支配收入与农村居民可支配收入均处于不断上升的阶段，且二者的变化基本相同。2013年，北京市全年城市居民人均可支配收入达到40 321元，比上年增长10.6%；农村居民人均纯收入达到18 337元，比上年增长11.3%。政府转移支付力度持续加大，导致北京市全年城、乡居民收入增速逐季提高。与此同时，惠农政策继续显效，农村居民收入增速已经连续5年快于城市居民，城、乡居民收入差距有所缩小。城、乡居民收入比由2008年的2.3∶1缩小至2013年的2.2∶1。

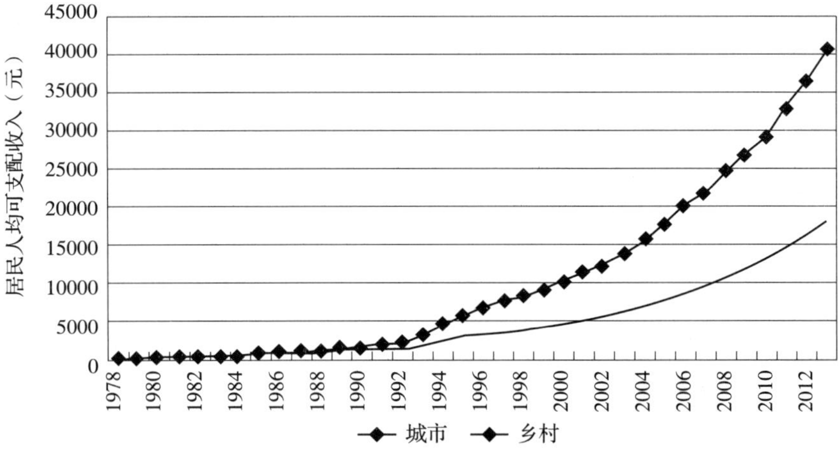

图 2—11　1978—2013 年间城乡居民实际可支配收入变化

资料来源：北京统计年鉴 2014。

第三节　北京市劳动力与就业市场的主要问题

在研究北京市就业市场的主要问题时，我们首先要明确就业市场问题的属性，这对研究就业市场问题至关重要。在性质上看，就业市场问题首先是一个经济问题，只有在经济平稳发展的情况下，就业才能稳定，就业总量才能不断地增长。从经济学角度讲，就业是派生需求，即社会对产品和服务的需求，才导致了对就业岗位的需求。由于中国正处于城市化和体制机制的双转型时期，我国的就业市场与发达国家并不相同，北京市就业市场的主要问题归根结底是就业不充分。

北京市就业市场目前存在的问题主要有以下几个方面。

一、劳动力供求总量和结构矛盾并存

（一）劳动力供求总量矛盾依然突出

根据北京市人力资源和社会保障局发布的 2014 年第一季度北京市公共人力资源服务机构供求状况显示，虽然本季度与上季度相比，供需人数“一升一降”，与去年同期相比，供需人数双双下降，求职人数环比、同比也双双下降，但北京市的人力资源需求仍大于供给，需求缺口15万人，且有进一步扩大趋势，求人倍率达4.20。根据数据显示，2014年第一季度与2013年第四季度以及2013年同期相比，进入市场的求职登记人数均处于减少状态，减幅分别为19.68%和15.88%，且减少绝对值较大，分别为11 768人和9 052人。求职者的不断减少，造成了劳动力供求总量矛盾的进一步凸显。

（二）劳动力供给结构与需求结构之间的矛盾

劳动力供给结构与需求结构之间的矛盾主要表现为“技工荒”现象和“民工荒”现象。所谓的“技工荒”现象，就是关键性技术工人短缺现象。所谓“民工荒”现象的主要原因则是由于普通劳动力的工资太低，劳动条件、社会福利保障太差。

2014年第一季度，北京市专业技术类的人力资源需求增加显著，与2013年第四季度和2013年同期相比需求分别增长了28.36%和218.63%。而与2013年第四季度和2013年同期比较，生产运输设备操作工均呈减少态势，减少幅度分别为23.73%和26.63%。与2013年同期相比，本季度招聘单位对大专及以上文化程度的人力资源需求均呈上升态势，而对初、高中学历的人力资源需求则呈现下降态势。①

通过对2014年第一季度职业供求的进一步统计得出，人力资源市场招聘企业和求职人员反映“招聘难、求职难”问题的主要原因之一就是供求结构性矛盾。

二、城市就业压力加大及非农转移速度加快

（一）城市就业压力加大

进入21世纪后，北京年均吸纳人口超过了35万，北京市从业人员总量不断增加，三种产业的就业结构也在发生着重大变化，数据显示，从1978年到2012年，北京市经济增长率比其就业人数增长率平均高15.68个百分点，

① 北京市人力资源和社会保障局．“2014年第一季度北京市公共人力资源服务机构供求状况”监测调查报告．

就业人数增加的速度始终赶不上经济增长的速度，这导致了北京市就业压力不断加大。近几年来，北京市用人单位对技术性职位的要求越来越高，随着北京市现代化进程的加速，对技术性工作人员需求量越来越大，尤其是一些技术开发区，技术性骨干人才极度紧缺。同时，第三产业的迅速发展虽然为社会提供了众多的就业岗位，但结构性就业矛盾导致众多服务性行业用人紧张。因此，北京市的结构性失业依然严峻。

近年来，北京市开始实施户籍控制等措施，同时，“北漂一族”由于生活成本高等因素开始离开北京而选择其他地方就业，因此北京市的就业压力有所减缓，但新生劳动力的持续增长以及结构性失业状况的存在，导致北京市的城市就业压力依然很大。

（二）农村剩余劳动力向非农领域转移速度加快

目前北京市的农村剩余劳动力的产生主要有以下几个原因：

1. 通常意义上的农村剩余劳动力，主要是因为农村机械化程度的加深、可耕地面积减少而造成人员需求减少，从而产生了富余劳动力；

2. 政策性原因导致的剩余劳动力，这些剩余劳动力包括：绿化隔离地区建设、城市化过程中被征用农地导致的“失地”农民；出于生态涵养、资源保护目的，关闭矿山、环境污染型企业、调整产业结构，导致部分农村劳动力“失业”；

3. 外来务工人员的冲击造成的农村剩余劳动力，近年来，外来务工人员对北京市本地农村人员就业的影响愈加明显，同本地居民相比，外来务工人员往往更能吃苦耐劳，工资要求也往往较低，导致当地企业可能会偏向使用外来务工人员，由此导致部分的农村劳动力剩余。

由于上述原因产生的众多农村剩余劳动力近年来开始持续向非农领域转移。一方面，生活成本的提高使得大多数人不得不谋取职业以平衡生活开支，因此近年来向第二、第三产业转移的农村劳动力开始不断增多；另一方面，北京市近年来加强了对农村劳动力转移就业的管理工作，专门出台了“农村劳动力转移就业管理办法”，并建立健全了农村劳动力资源开发与就业服务体系，对推进农村劳动力转移就业发挥了一定的作用。在上述因素的影响下，近年来北京市的农村剩余劳动力向非农领域转移速度不断加快，这在某种程度上也导致了北京市的城市就业压力不断增大。

三、新增长劳动力就业与失业人员再就业并存

（一）新增长劳动力就业困难

在新兴劳动力方面，尤其是在大学生群体方面，待就业大学生数目扩张迅速，据统计，2014 年一季度，北京市（即将毕业的）在学人员进入人力资源市场求职人数与 2013 年同期相比增加绝对量较大，已进入前三甲，所占比重为 18.03%，增幅达 71.21%。与 2013 年同期相比，本季度具有大学学历的求职者增加了 3 857 人，增幅达 92.58%。然而，就业环境却无法满足现状，导致大学生就业难现象越发严重。尽管近几年大学生数目趋于稳定，但短期内大学生就业难现状依然难以改变。

值得注意的是，许多技工学校培养出来的专业技术人才的就业率达到 90% 以上，许多学生没毕业就被用人单位预定了。而由于教育内容陈旧、专业设置重复、专业课程与市场需求脱节等原因，高校毕业生反而不符合用人单位的要求，这就导致了高校大学毕业生就业存在着比较大的困难。如何解决高校大学毕业生的就业难问题，也是北京市目前所面临的重要挑战之一。

（二）失业人员再就业问题

据统计，2014 年第一季度，北京市就业转失业人员仍是本季度人力资源市场求职的绝对主体，占到总量的 30.73%，在 2013 年，这一比例平均超过了 35%。事实上，失业人员的生存现状并不乐观，他们面临着生活拮据、住房紧张、子女教育压力大、社会地位低下以及抗风险能力脆弱等多种社会生活问题。然而失业人员的失业问题既受经济体制改革以及产业结构发展不均衡的影响，也是个人技能缺陷的一种反映。

失业人员的再就业更是存在种种障碍，首先表现在劳动力就业市场供需结构失衡；其次，失业保障存在缺陷，例如失业保险制度不完善、城市低保水平过低、职业培训缺乏长效机制以及职业中介不规范等；再次，政府引导再就业也存在一定的误区，将外来劳动力当作竞争对手，过多地把再就业的希望寄托于企业；最后，则是失业人员自身存在的问题，具体表现在文化程度低、工作技能弱、思想观念落后、就业渠道过窄以及家庭自身原因等。

这些原因都造成了失业人员再就业问题难度的加大，为此北京市政府已在多方面作出努力，加强再就业市场建设，营造平等就业环境，抵制就业歧视，引导职业介绍机构，拓宽就业渠道，减轻失业者的创业负担，促进自主创业，努力完善就业市场；与此同时，加大促进再就业支出比例，实行保险待遇差别化，扩大失业保险的促进再就业功能。但是失业人员日益突出的再就业难的问题依然存在，且不容忽视。

第四节　就业政策的国际比较

一、国外就业政策概述与比较

相比中国而言，发达国家不仅在经济上有着更高的发展水平，其就业市场也更加完善，这与其各自的就业政策密不可分，下面我们将列举几个典型国家的就业政策，并对国外就业政策进行比较，希望可以对北京市的就业政策做出一定的启示。

（一）美国就业政策

在美国，解决就业市场诸多问题的根本方法就是保持经济的持续增长，因此美国非常注重运用多种政策手段来刺激经济的增长，以增加就业机会。针对就业市场的各种问题，美国政府主要采取以下政策：

1. 积极调整产业政策，大力发展新兴行业，扩大就业机会。在近些年的发展中，美国一直在大力发展能源、科技等行业的新兴产业，创造了大量的就业机会。

2. 运用财政手段促进就业。一方面，通过增加公共事业的投资和增加职工收入，减少个人所得税，提高职工的消费能力，刺激生产的发展，扩大就业机会；另一方面，运用货币、信贷政策大力推动信息经济，鼓励高科技创新和兴办中小企业，为自营开业者提供创新计划、在从业人员中培训新的企业家等金融手段促进就业。

3. 重视就业培训和提供就业信息。近年来美国政府不断拨款资助再就业培训计划，一方面为众多失业人员提供了再就业培训的机会；另一方面，在中小企业内开办咨询与培训中心，向失业人员提供停工培训和咨询，增强中小企业吸纳失业人员的能力。

（二）德国就业政策

近 10 年来，德国大力推进劳动力市场改革，这对德国经济增长、政权更迭和社会发展都产生了重要而深远的影响。相比于美国而言，德国就业政策更多倾向于帮助就业困难群体和低收入者，努力提升全面就业水平。下面就是德国就业施行的主要政策：

1. 坚决遵循稳定的财政政策。一方面，整顿财政、压缩赤字，2010 年德国政府将国家支出在 GDP 中所占比重控制在 46.6%；另一方面，降低税收，按照税制改革方案，个人最低所得税税率、最高所得税税率、企业所得税最高税率都将逐年降低。

2. 改革现有体制，增加就业机会。实行灵活的工时制度和灵活的工资制度，鼓励“部分时间工作”和临时工，让更多人参与就业；促进私人投资，德国政府简化了计划和审批手续，大力降低住房建筑费用，放宽零售业商店营业时间的规定，大力推进国有控股企业私有化进程，以创造更多的就业机会；扶持中小企业，德国企业中 99% 是中小企业，最近几年新的就业岗位几乎全部是中小企业创造的，因此德国政府正在考虑使新建的和现有的中小企业进入资本市场，以创造更多的就业机会。

3. 加强科学研究。一方面，加强研究和创新，近几年中，政府提供给主要科研机构的资金每年增加 5%，大力加强了科学界和经济界的合作，以便弄清当今世界和本国运用最新技术的情况、存在的问题和可能采取的行动，并提出相应建议；另一方面，重视环境保护，这不仅关系到居民生活质量，还影响到企业的经济利益和政治利益。

（三）俄罗斯就业政策

近年来，俄罗斯经济一直保持着高速增长，虽然失业率逐年降低，但由于人口和经济结构调整等因素，俄罗斯劳动力市场上仍然供大于求。对外，俄罗斯移民就业政策缩紧；对内，俄罗斯在就业机构改革和就业促进政策上都有其独特建树，具体如下：

1. 独特的就业计划。提供临时性就业机会，保障失业者的生活。这些临时性的工作一般不需要什么特殊技能，在选择临时性工作时，无业青年、家庭困难者和长期失业者享有优先权。

2. 建立失业保障机构。成立失业救济中心，负责向失业省发放由国家就业基金提供的失业补贴。成立职业培训中心，负责失业职工的新技术、新技能的培训。组建辅助就业的国家机构，帮助失业人员再就业。

3. 实施青年实践计划。该计划主要是使学生在实践中掌握劳动技能，为其以后寻找工作打下良好的基础。实施自主就业计划，该计划的主要目的是帮助那些希望开创自己的事业同时又有一定才能的失业者实现愿望。实施“失业者俱乐部”和“新起点”计划。这两项计划的目的是帮助长期找不到工作从而失去信心的失业者。建立就业信息服务系统，积极建立全国统一的社会保险体系。

（四）法国就业政策

近 20 年来，法国的失业率一直居高不下，1981 年社会党上台时法国失业人数据官方统计为 160 万人，1995 年直逼 300 万人大关，失业率高达 12.2%。1996 年，失业人数达 320 万人，失业率高达 12.7%，其中失业 2 年以上者达 130 万人，占总失业人数的 41%。另据法国收入与成本研究中心发表的一份调查报告，目前法国仅次于西班牙、意大利、爱尔兰，25 岁以下青年失业率占欧盟第 4 位。为应对日益严峻的形势，法国政府采取了种种手段和措施，试图从多方面对就业政策加以改进和完善，以缓解失业危机。主要措施具体如下：

1．建立健全法国的就业服务管理体系

法国劳工和社会事务部就业司处于这一服务系统的中心地位，具体负责制定和实施就业政策，管理全国就业经费，并对就业服务机构进行监督管理。就业服务机构主要分成三个独立的系统：全国就业管理局——主要负责职业介绍；全国成人职业培训协会——负责职业培训以及全国工商部门就业联盟——负责失业保险。法国就业服务体系职责分工明确，专业化程度高，工作人员配备充足（三大系统工作人员为 3.9 万），工作效率高。

2．调节宏观社会经济运行，积极创造就业岗位

第一是调整就业布局，法国城市人口聚集，失业问题凸显，为此法国实行“工作分散政策”，开辟新工业区，促进地区经济发展。主要通过颁发奖金、减免税款、投资优惠等方式将城市工商业投资吸引至欠发达地区，使得集中的就业人口得以疏散，城市就业得以缓解，同时加大农村现代化，发展农业教育，稳定了农村人口。第二通过加大财政开支，以经济增长带动就业发展。第三通过发展社区工程，促进公益部门扩大就业。

3．重视并解决不同群体的就业问题

对于青年人首先是为保障他们就业立法。法国青年人的失业率曾高达 25%，为促进青年人就业，法国政府不断建立健全青年就业的规章和法案。1975 年法国政府规定 16 ～ 25 岁的劳动者要签订就业培训合同，并对这种培训进行国家政策补贴。这项规定最终在 1984 年形成制度。1997 年法国通过了《青年就业法案》。2006 年法国还出台了《帮助困难青年就业机制》，主要以政策补助的方式刺激法国企业尽可能多地雇用 16 ～ 25 岁低学历、居住在敏感社区或签署“融入社会生活合同”的青年人。同时，实施高龄就业计划和鼓励残疾人就业，通过一系列政策使得各个群体都能得到充分的就业机会。

4．通过减免社会保险费用的方式给企业尤其是中小企业以优惠，以鼓励创造就业机会

除了对新创企业的各种激励措施外，法国政府主要还通过减免税费减轻中小企业的负担，如对中小企业转为公司时所确认的资产增值暂缓征税，减轻犯错的税收处罚，减少中小企业的税务检查时间，在中小企业雇用科技和专业人才方面给予资助，补贴中小企业研究开发经费，大幅削减中小企业专利申请费等。同时，法国政府还加强了对中小企业的金融支持，如成立中小企业发展银行，专门为中小企业提供信贷服务与担保业务；提供市场开拓保险，帮助中小企业抵抗在开拓国外市场中可能遭遇的失败风险。

（五）日本就业政策

日本作为人口众多的东亚发达国家对我国更具有借鉴作用。近年来受到经济形势的影响，社会各界就业压力有增大的趋势，这也为日本政府提出了挑战。日本政府的就业政策是在市场经济条件下，对劳动力的供求关系进行有效调节使之达到市场均衡的政府行为，是对劳动力市场的一种补充。日本人口众多，劳动力相对丰富，在这一大的背景下，日本政府在大多数情况下采取的是需求管理，其基本内容是抑制失业、维护就业安定，对失业者的生活提供保障，并帮助其再就业；为失业者提供就业指导、职业培训和职业介绍等，具体如下：

1．抑制失业、保障失业者生活和尽快促成其再就业

这方面的制度保证和法律依据是《就业保险法》。《就业保险法》自 1974 年颁布，在原先《失业保险法》的基础上进行了大规模的修改和补充。此次修改和扩充标志着日本的就业政策从消极的失业保险向积极的抑制失业和促进再就业的对策的转换。该法规的主旨即在对失业者的生活予以补助的同时，还要改善就业结构，提高就业者职业技能，抑制失业。

2. 由国家出面直接对失业者进行安置

在经济发展的过程中，日本的经济结构中不断演化出新生的朝阳产业和衰退的夕阳产业。在区域经济结构中也不断形成人口的过密和过疏，为了顺利完成结构升级，实现就业人口在部门之间的平稳转移，日本政府于 1977 年颁布施行了《特定不景气地区离职者临时措施法》。

3. 关于就业指导和职业介绍，由《职业安定法》所指定的分布在全国各地的公共职业安定所实施，这是日本政府对劳动力市场进行调节的最基本措施。就业指导包括组织求职者进行职业适应性测试、举办讲座、参观实习等，以促进其就业。

4. 对劳动者进行职业培训。这方面的制度保证和法律依据是《能力开发促进法》。该法主旨是促进和强化劳动者的职业知识更新，以适应就业岗位变化的需要。政府通过就业促进事业团设置公共培训机构，同时提供补助，并大力倡导以职业能力开放为主的终身学习过程。

（六）各国就业政策比较

由于各国的具体国情不同，所以，不同国家采取了不同的就业政策，如以美国等为代表是通过实施扩张性财政政策刺激经济发展，从而为社会提供更多就业机会；而以德国为代表则实施紧缩财政政策，通过减少政府开支、减少税收，相应增加居民消费的方式促进经济增长，扩大就业。尽管如此，各主要国家在扩大就业方面还有很多共性，如各国均认为减少失业率的根本措施是提高经济增长率，解决失业问题时应尽量使用市场调节手段等。具体而言，近期内，各国政府在降低失业率时采取了以下相似的政策措施：

1. 政府提供一系列制度支持，为失业人员提供保障

就业、失业申报登记制度以及工资制度是市场经济国家税收、社会保障科学的依据。为了使社会保障制度得以顺利实施，使真正的失业者得到失业保险和救济，避免发生冒领或重新就业后仍继续领取失业救济的现象，各国都制定了严格的就业申报登记、失业申报登记制度以及相应的工资制度。

2．政府大力调整政策，通过营造环境，培育、引导、推动市场促进就业

在促进就业、降低失业率方面，国外政府采取的措施主要集中在以下四个方面：刺激经济增长，为促进就业创造良好的经济环境；激励作为就业主要载体的企业多提供就业岗位；鼓励失业人员自谋职业；最重要的是将就业问题作为一个战略，作为指定社会经济发展政策的前提。

（1）采取措施刺激经济增长，提高就业。为了刺激经济增长，各国政府主要是通过降低银行利率和给予税收优惠来鼓励投资和出口。

（2）利用多种手段激励企业特别是中小型企业多提供就业岗位。在这方面，各国政府采取的主要措施是减轻企业负担、给予经济补贴、提供贷款优惠以及放宽最低工资限制等。

（3）鼓励失业人员自谋职业。通过提供经济上的支持、提供职业信息和咨询以及通过培训提高失业人员的求职和创业能力来提高失业人员自谋职业的积极性。

（4）将就业问题作为一个战略，作为指定社会经济发展政策的前提。经济政策中就业政策先行，一方面通过扩大公共事业支出等财政手段消解周期性失业；另一方面通过产业政策和地区开发政策克服结构性失业，进一步提高就业在政府工作中的地位，把就业任务分解到投资、金融、财政、教育等各个政策中，形成一个实施充分就业的综合政策体系。

3．多样化就业方式，开发新兴领域，拓展就业空间

为了拓展就业空间，增加就业岗位，许多国家改变传统的就业方式，实现增加就业岗位的目的。一些国家采取提供临时性工作、鼓励家庭就业以及降低退休年龄、鼓励提前退休的政策来拓宽就业空间。同时，为了增加就业岗位，一些国家政府近年来注重开发具有就业潜力的领域，比如投资资源环境保护产业、允许外国和私人企业进入原来由国家垄断经营的领域以及在商贸领域鼓励创建中介企业。

4．全面开展就业服务工作

为了促进劳动力的合理流动，提高就业率，市场经济体制比较成熟的国家除建立较完整的社会保障体系外，还组织和开展了各种就业服务工作。政府除设立专门机构从事就业服务外，还鼓励企业、社会开展就业服务工作，从而形成了一个就业服务体系。这本身又为社会创造了不少的就业岗位，部分程度上缓解了就业压力。

5. 确立完善的法律法规体系，将就业政策制度化、体系化

各发达国家的经验显示，在特定的经济时期，各国政府都适时地指定了针对该时期的有关法规。这些法规形成了比较完善的法规体系。这能够充分保障失业者的利益，保障性立法确实应当确立，并形成体系，这样在无论是在萧条时期还是相对繁荣时期都有法可依，使劳动者的利益得到全方面的保障，使失业者得到充分的关注和帮助。

二、北京市就业政策的主要特征

北京作为全国政治、文化中心和国际化城市，人口规模持续快速增长，外来人口总量不断增加；随着人口规模的扩大，就业压力不断加大，北京市一直采取促进就业的积极的就业政策，主要有如下几个方面：

（一）制定实施一系列相关政策，为失业人员提供保障

在政策方面，北京市政府着力完善就业特困人员托底政策，大力开发社区公益性就业岗位，加大对就业特困人员的帮扶力度。继续实行社区公益性就业组织专项补贴政策，并持续加大对失业保险基金投入。与此同时，扩大免费职业技能培训享受范围，由城市就业转失业人员扩大到所有城市失业人员；增加享受免费职业技能培训的次数，由终身享受一次调整为每年可享受一次；提高免费职业技能培训补贴标准。这些政策为失业人员的再就业提供了相当的保障，很大程度上保持了就业市场的稳定性。

（二）支持企业稳定就业岗位、鼓励企业吸纳就业

对于企业而言，北京市政府鼓励稳定就业，如果企业和职工参加失业保险并履行了缴费义务，在企业面临暂时性生产经营困难时，企业采取在岗培

训、轮班工作、协商薪酬等稳定就业岗位措施且没有裁员或少裁员的，便可以向北京市政府申请享受最长不超过12个月的稳定就业社会保险补贴和岗位补贴。这对稳定就业起到了很大的作用。

与此同时，北京市政府继续实施商贸、服务等企业招用城市失业人员的税收扶持政策。企业当年新招用城市失业人员，按规定享受减免营业税、城市维护建设税、教育费附加、企业所得税的优惠。在某种程度上，北京市政府通过减免税收的方式，增加就业岗位，为失业人员提供了帮扶。

另外，北京市政府为鼓励企业吸纳就业，规定企业招用城乡就业困难人员，签订一年以上劳动合同的，在劳动合同期限内，给予企业最长不超过3年的岗位补贴和社会保险补贴。招用距法定退休年龄不足5年的就业困难人员，岗位补贴和社会保险补贴期限可延长至退休。社会保险补贴和岗位补贴所需资金从失业保险基金支出。这都对北京市实施促进就业政策起到了积极的作用。

（三）鼓励自主创业

北京市政府鼓励本市城市失业人员、高校毕业生、农村转移劳动力、复员转业军人等城乡劳动者自主创业。个人创业第一次贷款额度由5万元提高到8万元，再次贷款额度由5万元提高到10万元，上述贷款反担保比例由30%下调到20%。继续实施小额担保贷款信用社区制度，凡在城乡信用社区申请小额担保贷款的，免除反担保。合伙创办小企业的，贷款额度由每人不超过5万元提高到不超过8万元，最高50万元。扩大免费创业培训享受范围，由城市就业转失业人员扩大到所有城市失业人员，创业培训补贴标准由每人次1 329元提高到每人次2 400元。

（四）鼓励、引导中小企业的发展

在鼓励、引导中小企业发展方面，北京市政府在政策上做出多项调整，如加大对小型微型企业的财税支持力度，缓解小型微型企业融资困难，支持小型微型企业开拓市场，拓展小型微型企业发展空间，加强中小企业服务体系建设，提高小型微型企业经营管理水平，加强小型微型企业工作协同推进等。

（五）大力发展就业服务行业

在发展就业服务行业方面，北京市政府着力于提升城乡劳动者职业技能，为城乡失业及就业者提供免费职业技能培训；强化农民工就业服务，对来京的农民工，提供岗位信息、就业推荐、职业指导、政策咨询、招聘洽谈等免费就业服务；与此同时，全市各级公共就业服务机构全部免费开放，鼓励社会职业中介机构提供免费服务，并给予适当职业介绍补贴。

三、国外就业政策的启示

虽然我国的就业市场情况同国外有所不同，但国外的有效的就业政策依然可以给我们启示。在借鉴国外就业先进经验的基础上，结合北京市的具体情况，可以采取一些相应措施，降低失业率，提高全社会就业水平。

（一）多项措施并用，增加就业机会，提高就业率

在市场经济中，尽管发达国家一般利用市场手段作为解决就业问题的主要手段，但政府部门也往往成立专门机构，制定相应政策，为扩大就业创造良好的外部环境。为此，参照国外经验，北京市政府在解决就业市场诸多问题时可以采取以下措施：

1. 增加公益性行业和基础性行业的投资；

2. 逐步放开政府行业垄断的数量，吸引非公有制企业向这些垄断行业或部门投资，逐步放宽非公有制企业投资领域；

3. 劳动部门加强宣传，转变就业观念，鼓励多种形式的用工制度；

4. 兼顾国民经济长期发展和结构升级的需要，大力发展第三产业，据调查目前北京第三产业的比重还有限，吸纳就业人员的能力还很大。

（二）对失业再就业人员进行职业教育

产业结构的升级的确弥补了市场机制的缺陷，更有助于形成一个避免资源浪费合理的和适度竞争的秩序，但是产业结构的有效升级也需要劳动力有

一定的适应能力。为避免劳动力的失业情况的恶化，可以做出如下举措：

1. 为下岗失业人员提供免费培训，提高其社会适应能力，达到鼓励下岗失业人员参加后续教育的目的；

2. 根据各区县的经济发展情况和劳动力需求状况，及时调整劳动力地区布局；

3. 鼓励高科技产业等新兴产业的发展；

4. 大力发展教育事业，力求提高北京市劳动力的整体素质。

（三）建立和完善社会保障制度

从目前的情况来看，北京市的社会保障体系仍存在诸多问题，例如覆盖面区县不均衡，费用存在困难，保障水平低等。为此，提出以下建议：

1. 扩大社保覆盖面，加大政策检查力度，提高社会保险金的收缴比率；

2. 区别失业保险和失业救济，优化社会资源，为失业人员提供帮扶；

3. 建立和完善就业人员、失业人员的一系列保障制度，做好就业与失业之间的过渡。

（四）建立和完善劳动力市场

有效的劳动力市场是保障就业稳定的基本前提，为此我们可以从以下几个方面着手：

1. 在北京市各个区县之间建立统一的劳动力市场，扩大劳动力市场容量，实现劳动力供求信息互通共享，便于劳动力在行业之间、区域之间流动；

2. 完善劳动力供需信息收集手段，缩短下岗失业人员待业时间；

3. 提供职业技能培训、职工档案托管等服务内容，采取供需见面会、个别职业介绍等方式，促进失业人员再就业。

（五）确立完善的制度体系

确立完善的制度体系，将就业政策体系化、制度化。前已述及，在战后经济发展的每一时期，发达国家政府都适时地制定或修订了针对该时期就业状况的有关法规。以日本为例《就业保险法》和《职业安定法》是其中较重要的法规，以这些法规为核心形成了较完善的法规体系。有关就业政策的具体实施都被纳入到该体系当中，这使得就业政策的具体实施不仅被制度化，而且具有法律的权威性。例如，在经济衰退到来时，有关法规在限制企业主随意解雇就业者方面收到了预期效果。北京市在就业制度体系的建设上，有许多可以参考借鉴之处。北京市政府应大力加强这方面的工作，以促进充分就业。主要有以下几点：

1. 制定一套宏观经济政策，使其既能够与产品市场的结构政策相适应，促进经济增长，又能够保持经济的稳定，不发生通货膨胀；

2. 促进技术的创新与传播；

3. 增加工作时间的灵活性；

4. 培育企业家环境，促进企业的创新与发展；

5. 增加工资与劳动成本的灵活化；

6. 改革就业安全保障；

7. 强化积极的劳动力市场政策的实施力度与效果；

8. 提高劳动者的技术水平与就业能力；

9. 改革失业救济制度；

10. 提高产品市场的竞争力。

第五节　北京市就业形势及其面临的挑战

“十一五”时期，北京市的就业规模不断扩大，就业结构也得以进一步改善，就业工作取得了显著成效。“十二五”时期，北京市就业总量压力将继续加大，预期新增城乡就业人数 200 万人。与此同时，北京市就业问题诸如劳动者技能与岗位需求不相适应、劳动力供给与企业用工需求不相匹配的结构性矛盾也将更加显著，就业任务艰巨繁重。

就业作为民生之本，是保障和改善民生的头等大事，新世纪的第二个十年，北京市就业问题仍处于重要战略机遇期。目前，国内一方面处于全面建设小康社会的关键时期，另一方面处于深化改革开放、加快转变经济发展方式的攻坚时期，首都北京在成功实现“新北京、新奥运”战略构想之后，开始步入新的发展阶段，面临难得的历史机遇，也面对风险挑战。而就业问题作为经济社会发展的优先目标，制定科学的就业战略安排对首都立足新的阶段变化、向更高发展水平迈进至关重要，为此，该市争取落实实施更加积极的就业政策，创造平等就业机会，构建和谐劳动关系，努力实现充分就业。

一、北京市就业工作的总目标

（一）指导思想

突出“就业优先”战略，牢固把握科学发展主题，健全“劳动者自主择业、市场调节就业、政府促进就业”相结合的机制，坚持围绕发展促进就业、坚持统筹协调促进就业、坚持以人为本促进就业、坚持和谐稳定促进就业、坚持改革创新促进就业，不断扩大就业规模，优化就业结构，为城乡劳动者创造平等就业机会，提高就业能力，改善就业质量，构建城乡一体的充分就业新格局。

（二）基本要求

首先，就业作为保障和改善民生的头等大事，我们应该把促进就业放在经济社会发展的优先位置，依靠经济发展带动就业增长，以扩大就业来促进经济持续发展，坚持促进就业与经济社会发展相结合。

其次，强化人力资源开发，大力加强职业培训和创业培训，提高劳动者素质，创新管理，全面提升劳动者职业素质和就业能力，扩大就业，提高就业质量，坚持促进就业与人力资源开发相结合。

再次，充分发挥市场机制在人力资源配置中的基础性作用，消除制度性、体制性障碍，强化政府在促进就业中的责任，坚持发挥市场机制作用与政府促进相结合。

最后，将劳动者利益诉求放在重要位置，构建和发展和谐稳定的劳动关系，实现就业规模的扩大与就业质量的提升，坚持促进企业发展与维护劳动者权益相结合。

（三）发展目标

“十二五”时期就业促进工作的总体目标是：努力实现城乡充分就业。

首先，充分开发和利用人力资源，着力于创造就业岗位、优化就业结构、提高劳动者职业素质水平，力求实现就业增长与经济增长、就业结构优化与产业结构调整、就业质量提升与生活水平提高的三重互动。

其次，统一城乡劳动者的就业帮扶，在城乡统一中实现就业促进工作，全面提高帮扶力度与实际效果。

再次，突出市场配置人力资源的主渠道作用，大幅提高供需主体的市场参与率，统一规范人力资源市场，促进城乡劳动者的自主择业、自由流动、自主创业。

最后，稳定城乡劳动者就业，逐步改善劳动关系、提高劳动收入、扩大社会保障覆盖面、通畅维权渠道。

表 2—2　　“十二五”时期就业促进工作主要指标

序号	指标	2015年预期目标
1	新增城乡就业	200万人
2	促进登记失业人员和农村劳动力就业	140万人
3	城市登记失业率	≤3.5%
4	帮扶城乡就业困难人员实现就业	50万人
5	培养高级技能人才	40万人
6	北京生源高校毕业生就业率	≥95%
7	扶持创业者	3万人
8	公众就业服务满意率	95%
9	充分就业社区（村）创建率	80%
10	动态保持零就业家庭至少一人就业	

二、“十二五”时期北京市的就业形势

“十一五”时期是我国发展史上极不平凡的五年，也是就业工作积极应对挑战并取得显著成效的五年。北京市全面实施扩大就业发展战略以及更加积极的就业政策，尽管经历了国际金融危机，就业规模仍不断扩大，就业结构也不断改善，劳动者就业能力也得到不断提高。总体来看，北京市形成了市场导向的就业机制，保持了就业局势基本稳定，形成了比较完善的促进就业政策体系，成功地将扩大就业和控制失业纳入政府宏观调控体系，制定实施了涵盖金融、财政、税收、社会保险等方面的积极就业政策，投入再就业资金 16.83 亿元，帮助了 72.2 万名失业人员实现再就业，并有效实行了困难群体的再就业援助制度。在农村劳动力就业管理与服务制度方面，成功地将有转移就业愿望的农村劳动力纳入到就业管理与服务范围，实现了 30 万本市农村劳动力转移就业。同时，职业技能人才培养也卓有成效，实施了“三年百万”职业技能培训计划、“三年两万”新技师培养计划，使 257.9 万人次接受了职业技能培训，技能人才总量达到 186.7 万人。

“十二五”时期，北京市就业形势将更加复杂，就业总量压力将继续加大，劳动者技能与岗位需求不相适应、劳动力供求的结构性矛盾将更加突出，就业任务更加繁重。

首先，北京市的就业压力表现在劳动力供大于求，且比例持续加大，相当多的农村富余劳动力处于待业阶段，需要政府转移就业的支持。其次，就业的结构性矛盾十分突出，技术进步加快，产业优化升级，随之而来的是技术人才不足，企业用工需求与劳动力供给之间结构性失衡的问题十分突出，造成了企业招工难，劳动者就业难的局面，与此同时，我们仍有三大难题等待解决，以高校毕业为重点的青年就业、农村富余劳动力的转移就业、失业人员以及就业困难群体的就业问题。最后，经济社会环境的变化发展给促进就业带来了新的挑战，经济发展方式的转变，产业升级的推进，科技的进步

与技术的创新要求劳动者素质有一定的提高，也对推进城市化、农村富余劳动力就业转移提出了新的挑战，与此同时，人力资源市场信息化建设滞后，公共就业与人才服务机制不完善，劳动者利益诉求的变化，均凸显了新的劳动关系矛盾，劳动关系协调的难度加大。

三、当前就业工作的主要任务与挑战

“十二五”时期北京市的就业促进工作可以概括为以下六个方面：就业岗位的开发、城乡就业的统筹、重点群体的帮扶、就业能力的提升、市场体系的统一以及就业质量的提高。

首先，北京市将着力于产业发展以及对中小企业非公经济的扶持，培育新的就业增长点，提高就业吸纳能力，以创业带动就业；其次，北京市将努力实现城乡就业管理制度、就业促进政策以及公共就业服务体系的统一；再次，优化就业促进协作机制，促进高校毕业生就业，缓解就业矛盾，加强对城乡就业困难人员的援助力度；最后，健全培训机制，努力提高城乡劳动者的就业能力，统一人力资源市场管理制度，培育和发展统一规范灵活的人力资源市场，完善工资收入分配制度、加强实行劳动合同制度、健全社会保险体系，稳定城乡劳动者就业，从而提高北京市的就业质量。

与“十一五”时期不同，“十二五”就业促进工作作出如下调整：由规模就业转变为素质就业，由城乡覆盖转变为城乡统一，由阶段发展转变为长效机制以及由数量增长转变为质量提高。

首先，促进就业不单是扩大就业规模，更是就业结构的改善与就业布局的调整，在当前城乡劳动者的职业素质与就业岗位需求的差距较大、结构性就业矛盾更加突出的条件下，我们更要注重提高劳动者素质和就业能力，实现素质就业；其次，在政策上，我们要全面统一城乡就业促进政策，提高促进就业实效，在服务上，更要努力提升城乡公共就业服务均等化和服务水平；再次，重点缓解群体性和地区性就业压力，建立和完善相应的制度、体系和机制，以应对社会经济危机、自然灾害和突发事件的情况；最后，实现有质量的数量增长，不仅增强失业人员就业稳定性，更要提升城乡劳动者的就业质量。

四、就业对策与措施

北京市实行积极的就业政策，坚持通过发展经济、调整经济结构、深化改革、协调发展城乡经济以及完善社会保障体系促进就业，并采取各种有效措施，千方百计增加就业，扩大就业规模，努力把失业率控制在社会可承受的限度内，体现在以下四方面。

（一）发展经济，调整结构，积极创造就业岗位

北京市政府始终将促进就业作为国民经济和社会发展的战略任务，将控制失业率和增加就业岗位作为宏观调控的主要目标，纳入国民经济和社会发展计划，坚持实行扩大内需的方针，实施积极的财政政策和稳健的货币政策，保持国民经济平稳较快的发展，并积极调整经济结构，提高经济增长对就业的拉动能力。北京市政府坚持把发展服务业作为扩大就业的主要方向，鼓励发展社区服务、餐饮、商贸流通、旅游等行业，更多地增加这些行业的就业岗位，制定了大力发展第三产业、拓展传统服务业领域的就业渠道、努力发展旅游业等增加就业岗位的扶持政策，重点是开发社区公益性就业岗位，帮助和促进下岗失业人员和其他就业困难群体再就业。与此同时，北京市政府注重发挥劳动力资源优势，积极发展具有比较优势和市场需求的劳动密集型产业和企业，特别是就业容量大的私营、个体经济和中小企业，吸纳的劳动力占城市就业增量的80%左右，鼓励劳动者通过灵活多样的方式实现就业，积极发展劳务派遣组织和就业基地，为灵活就业提供服务和帮助，制定了非全日制用工、临时就业人员医疗保险等政策，在劳动关系、工资支付、社会保险等方面建立制度，促进和保障灵活就业人员的合法权益。

（二）完善公共就业服务体系，培育发展劳动力市场

北京市政府积极培育和发展劳动力市场，逐步确立企业作为劳动力市场

的用人主体、劳动者作为供给主体的地位，同时，协调推进社会保障制度、住房制度、户籍制度等改革，劳动力市场发育的客观环境明显改善，市场机制已经在劳动力资源配置中发挥基础性作用。发展和完善公共就业服务体系，大力加强劳动力市场科学化、规范化、现代化建设，建立公共就业服务制度，进一步完善失业保险制度，为失业人员提供失业救济和失业医疗补助，开展失业人员管理和服务，并充分发挥失业保险促进就业和再就业的作用。

（三）促进下岗失业人员再就业

北京市政府在有下岗职工的国有企业普遍建立再就业服务中心，为下岗职工提供基本生活保障，代缴养老、医疗等社会保险费，并为他们提供一次职业指导、三次就业信息服务和一次免费的职业培训机会。在税收方面，对下岗失业人员自谋职业，从事个体经营的，三年内免征有关税费；对下岗失业人员自谋职业和自主创业提供小额担保贷款，由政府建立担保基金，并提供财政贴息；对各类服务型企业和商贸企业新增岗位招用国有企业下岗失业人员，由政府提供社会保险补贴。北京市政府通过再就业援助就业困难对象，鼓励国有大中型企业分流安置富余人员，并加强对下岗失业人员的就业服务，组织开展多层次、多形式的再就业培训，提高下岗失业人员的就业能力，对有开业条件的人员开展创业培训和开业指导，提供项目咨询、跟踪扶持等服务，通过培养创业带头人带动更多人就业。

（四）完善社会保障体系，维护劳动关系的和谐稳定

北京市政府采取各种措施，积极探索建立独立于企事业单位之外、资金来源多元化、保障制度规范化、管理服务社会化的社会保障体系。积极推动建立“双方自主协商、政府依法调整”的劳动关系协调机制，推动建立通过劳动合同确立劳动关系的制度。鼓励企业不断加强职工代表大会和工会的职能，完善职工民主参与制度，积极探索和推行通过平等协商签订集体合同的制度。与此同时，充分保障劳动者就业权利，提高劳动者的维权意识和能力，营造良好的舆论氛围，支持和鼓励劳动者运用法律武器保护自身劳动就业权益。

参 考 文 献

[1] 马永堂. 国外就业优先战略研究及其对我国的启示 [J]. 第一资源，2011，(03).

[2] 陈晓川. 国内外就业政策比较分析 [J]. 现代企业教育，2012，(16).

[3] 曾湘泉. 世界就业趋势及各国就业政策 [J]. 求是，2003，(18).

[4] 夏晓文. 浅析德国劳动力市场状况和就业政策改革 [J]. 德国研究，2005，(04).

[5] 张勇，刘雪斌. 世界就业特点、发展趋势及其启示 [J]. 南昌大学学报（人文社会科学版），2004，(04).

[6] 黄春梅. 西方发达国家劳动就业政策的比较研究及其启示 [J]. 求实，2005，(04).

[7] 丁建定. 德国就业保障与就业促进政策 [J]. 中国社会保障，2003，(05).

[8] 劳动保障部专题研究小组. 世界就业发展趋势和我国就业政策研究 [J]. 中国就业，2003，(04).

[9] 劳动保障部赴俄考察团. 俄罗斯就业状况及对我国的启示 [J]. 中国就业，2004，(1).

[10] 宋波. 西方发达国家就业政策及其对我国再就业政策的启示 [J]. 改革，2002，(05).

[11] 杨继瑞，袁春晓. 欧盟就业政策及其对我国再就业政策的启示 [J]. 四川大学学报（哲学社会科学版），2000，(01).

[12] 林燕. 德国青年就业政策及对我国的启示 [J]. 北京青年政治学院学报，2006，(04).

[13] 梁茂信. 美国人力培训与就业政策机制（1971—1982）[J]. 历史研

究，2007，(01).

[14] 高嵩.美国就业和培训政策研究述评 [J].美国研究，2009，(02).

[15] 张明龙.我国就业政策的六十年变迁 [J].经济理论与经济管理，2009，(10).

[16] 朱桂梅.俄罗斯就业创业教育的启示 [J].社会科学战线，2010，(06).

[17] 赖德胜，孟大虎，李长安，田永坡.中国就业政策评价：1998—2008 [J].北京师范大学学报（社会科学版），2011，(03).

[18] 汪安佑，杨筱硕，刘刚.北京市 1949—2003 年人口演变规律研究 [OL].中国地质大学（北京），http://www.paper.edu.cn

[19] 常荔.法国就业政策与劳动力市场机制资料汇编 [OL].http://lpsi.whu.edu.cn/dfzf/ywcz/2011-04-17/161.html

[20] 罗忠贵，徐文德.法国促进就业措施及启示 [J].金融经济，2009，(08).

[21] 田文泉，贵泽元.法国青年就业政策对破解我国大学生就业难题的启示 [J].国际商务（对外经济贸易大学学报），2014，(05).

[22] 洌清.概述世界就业现状与工会对策 [J].中国工会财会，2014，(08).

[23] 孔德威.劳动就业政策的国际比较研究 [D].东北师范大学，2007.

[24] 特木尔巴根.浅议日本就业政策 [J].中国人力资源社会保障，2010，(09).

[25] 邸妍，车红霞.日本促进青年就业政策及对我国的启示 [J].人事天地，2014，(01).

[26] 车维汉.日本就业政策特征分析及其对我国的启示 [J].经济研究参考，2002，(89).

第三章

城市化与就业均衡发展路径

第一节　城市化与就业的关系

一、城市化与就业的理论框架

城市化是经济发展的必然产物，根据柯布道格拉斯生产函数可知，现代部门的发展需要两种主要的资本要素，一种是资本，另一种是劳动力，北京市经济的发展，产业结构的升级转型，会创造出大量的工作机会，吸纳大量迁移劳动力，从而提升城市化水平。城市化发展会带来人口向城市的聚集，人口的聚集就会产生规模效应，进一步促进经济的发展。同时将会对就业市场带来挑战。国民经济政策的四大目标之一就是实现充分就业，同时也是社会和谐稳定所追求的目标。就业是迁移劳动力生存的主要来源，也是追求自身价值实现的一种方式，一个好的就业环境将会吸引更多的人才进入北京的劳动力市场，为产业结构的转型、经济的增长提供了有利的人力资本。可见城市化的发展与就业通过经济发展这一中间变量而彼此相互影响。

二、经典理论回顾

国外很多学者从社会经济的角度出发，将城市化描述为农村劳动力和人口在经济的作用下向城市集中的过程，并探讨了这种经济发展水平的差异与城市化和就业之间的关系，其中具有代表性的是推拉理论和发展经济学的二元理论。

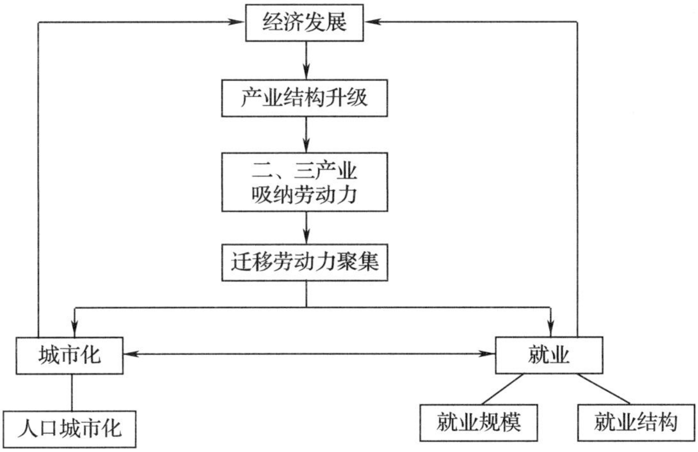

图 3—1　城市化、就业与经济发展关系图

“推拉理论”从迁移动力角度将经济发展水平与城乡劳动力迁移联系到一起，认为乡村人口向城市聚集并在此就业、生活，主要受乡村推力和城市拉力的共同影响。城市的“拉力”主要表现为：城市经济发展水平相对较高，能够提供更多的就业机会，同时，城市公共基础设施也更加完善等。而农村经济发展水平相对落后，提供就业能力不足，尤其是随着农业的机械化和规模化生产，农村剩余劳动力更多，还包括公共基础设施落后等因素构成了农村的“推力”。

城市化和就业一直是学者、政策制定者、老百姓十分关注的问题，我国具有典型的二元经济特征，城市化过程即农村剩余劳动力向城市迁移的过程。在人口城市化的过程与就业之间关系的研究方面，国外比较有影响力人口城乡迁移的理论主要包括刘易斯的劳动力与两部门发展模型，拉尼斯－费景汉的城市化与二元经济模型，哈里斯－托达罗的城乡劳动力流动与城市失业模型。

刘易斯（A.W.lewis，1954）首先提出了二元经济理论模型，并在 1958 年、1972 年、1979 年先后发表的论文中对二元经济模型进行了补充与完善。刘易斯认为经济的发展关键是对剩余的利用情况。现代部门利用剩余再投资的方式创造更大的剩余，来达到现代部门不断扩张，继而创造了大量的就业机会，吸纳由传统部门迁移的剩余劳动力，这一过程直到迁移的剩余劳动力全部就业为止。在刘易斯模型中，资本家部门的工资下限是由维持生计部门的收入决定的，但是，现代部门提供的工资收入必须高于维持生计部门的收入，而且两者之间的差额通常为30%[①]左右，否则传统部门的剩余劳动力将没有必要流入现代部门，这可以从以下几个原因来解释这种差额：第一，现代部门大多聚集在城市，在城市生活的费用比较高，如房租和交通费；第二，从熟悉的传统部门迁移到不熟悉的城市大环境中，需要一种心理费用；第三，工会的作用。

拉尼斯和费景汉（G.Rains，1961；J.C.H.Fei，1964）根据刘易斯提出的理论模型，填充了自己的理论，提出了新的城市化和二元经济模型，重点阐述了经济的发展取决于工业部门的扩张，而工业部门的发展依赖农业剩余劳动力向现代工业部门的转移，并认为刘易斯没有观察到农业部门的发展对经济发展的重要性，强调了工农业的平衡发展才是经济发展的关键，才能保持工业部门在资本存量不断扩大时所需要的与之匹配的大量劳动力的迁入。

美国经济学家托达罗在20世纪70年代发表的一篇文章中，提出了新的理论——托达罗模型，解释了为什么在城市化过程中农村劳动力向城市迁移的数量高过城市的就业水平，出现失业与高度城市化共存的情况。托达罗模型从宏观与微观两种角度来说明城乡劳动力的流动。宏观角度主要是对劳动力迁移的总体情况分析，首先提出了城乡的预期收入差距而非实际收入差距导致了劳动力总量的迁移，而预期收入差距是受到经济的发展、就业概率、现代部门岗位创造率的影响。微观角度主要是个体决定迁移的决策行为，是与迁移的收益和成本有关。

三、相关文献梳理

杨宜勇、顾严等（2005）通过对人口城市化与就业发展的动态分析阐述

① 阿瑟・刘易斯.二元经济论[M].北京：北京经济学院出版社，1989：59-65.

了人口城市化对解决中国就业问题的积极意义，并指出人口城市化滞后与就业不足的主要障碍。成学真、陈伟（2006）以兰州市为例，从就业总量和就业结构两个方面分析了城市化对兰州市就业的影响，得出了兰州市城市化对农村就业的影响大于对城市就业的影响，同时城市化水平与第二、三产业的就业比重均具有较强的正相关性。同样是城市化水平对就业量的影响，谢品杰、侯建朝（2012）发现上海市城市化水平每增长 1%，能带动上海市全社会就业量增长 2.336%。进一步地，在城市化与就业结构之间的关系方面，罗丽英、连泽凡等（2013）以广东省为例，采用 VAR 模型和脉冲响应函数方法进行计量分析，实证结果表明城市化与第三产业就业比重有显著的因果关系。李林杰、于飞（2006）通过协整分析和 Granger 因果分析方法对我国城市化和就业结构进行实证分析后得出了同样的结果，并认为这主要是因为第三产业的产业特征对人口和生产要素聚集有着更高的要求。可以说，城市化主要是通过第三产业来增强对农村剩余劳动力的吸纳能力（辜胜阻、李华等，2010）。因此，托达罗模型中认为的城市化会增加城市就业压力、导致更大范围的失业现象并不适用于当前中国普遍的城市发展状况。

在不同的时期，不同的社会背景下，城市化分别对城市和农村就业产生的影响可能会存在差异。谢娟娟（2009）从城市化对农民就业的角度出发，认为城市化有利于劳动力和生产要素在城乡之间的自由流动，从而有效引导农村剩余劳动力转移到城市非农业部门。朱镜德（1999）、李建民（2002）从城市劳动力市场结构不合理角度论证了农村流动劳动力在城市就业中受到的歧视。当前中国农村还存在较多的剩余劳动力，城市化的进程会有效引导农村剩余劳动力的转移，而不会造成劳动力不足，这与托达罗模型中的观点相左。朱农（2005）在刘易斯模型的基础上分析了劳动力的地域流动和职业流动的关系，认为职业流动比地域流动更容易实现，因此农村剩余劳动力在初期多数表现为就地职业转移，但乡镇企业由于运营效率低下和面临产业结构升级导致其吸纳劳动力的能力下降，结果农村劳动力的流动模式逐渐转变成地域流动，人口城市化成为目前解决农村剩余劳动力就业的主要方式。

托达罗模型中关于城市化会增加城市就业压力的观点，不同的学者对此提出了不同的看法。汪泓、崔开昌（2012）从城市化对城市就业影响的角度出发，基于中国1981—2009年的样本数据，通过实证分析发现：城市化在一定时期内对城市就业增长具有强有力的推动作用。而赵永革（2003）、朱宝树（2006）不仅看到了城市化对农村就业的推动作用，还看到了城市化对城市非农户口人员就业的阻碍作用，提出了产业结构升级的战略选择。针对城市化对城市劳动力就业的影响，丁金宏（1995）分析了外来人口就业及其对城市劳动力市场的影响，认为农村劳动力对城市劳动力市场的影响是有限的。童玉芬（2007）进一步地指出，外来人口主要在城市本地人不愿进入的低端行业中就业，并没有从总体上加剧本地人的就业压力，相反还开发了城市新的就业岗位，弥补了城市在一些低端行业的就业不足。

何景熙（2001）在托达罗模型的基础上，进行了思考和完善，指出了“开源断流”的理论。指出影响农村劳动力迁移的因素主要有：农村剩余劳动量和转移决策函数。并且转移决策函数由迁移的费用决定，主要受目标部门的实际收入与农业部门的实际收入差距以及转移者对目标地的就业概率的预期影响。蔡昉（2001）指出劳动力迁移经历的两个过程，第一个是劳动力从迁移地转移出来，第二是转移出来的迁移劳动力在目的地定居下来。并指出中国的农业剩余劳动力迁移出来后由于特殊的户籍制度的障碍，导致其无法如预期的那样定居下来。朱农（2004）指出我国农村剩余劳动力的两种流动：一种是地域流动（向城市迁移），一种是职业流动（在本地从农业活动向非农业活动转移）。短期内职业流动是地域流动的一种替代，但不是完全的，在长期来看，要提高乡镇工业的效益和质量，规范其发展，最终还是必须让其向城市集中。周天勇（2001）指出托达罗模型中与发展中国家的不符之处，对其缺陷进行了修正，探讨了如何扩张就业容量，使其能够更多地吸纳迁移的劳动力。李建民（2002）指出多重劳动力市场的分割导致社会的极大不公平，使得农村劳动力进入城市劳动力市场后以极其低廉的价格被雇佣，阻碍了农村的剩余劳动人口的迁移。

第二节　经济增长视角下的国内外城市化研究

以经济增长的视角，分析城市化的影响因素。国外学者霍利斯·钱纳里（H.Chenery，1975）根据101个国家的生产过程的数据，定量研究了经济发展与城市化两者之间的关系，并指出“经济发展与城市化相互促进的效应”。莫和沙特（Moomaw & Shatter，1996）建立回归模型，实证结果表明城市化率与人均GDP、出口贸易、工业化发展程度及外国援助存在正相关的关系。布莱思·刘易斯（Blane D.Lewis，2014）通过对印尼的时间序列1960—2009年数据分析，表明城市化水平与经济增长呈正相关，但城市化的变化率与经济产出的增长率呈负相关。

国内学者周一星（1982）通过建立回归模型，对1977年100多个国家和地区的人均国内生产总值和城市化水平的国际数据，进行实证分析，表明城市化发展与经济发展之间存在一致性关系，并且城市化率与人均国内生产总值的对数之间存在正相关的联系。王金营（2003）通过聚类分析得出高收入国家的城市化水平高，伴随着较低水平的城市化水平，并从部分国家的发展来看，其经济发展的快速推进阶段也会伴随城市化程度的迅速崛起。张颖、赵民（2003）在钱纳里关于人均国内生产总值与城市化率论证的基础上，进行了修正，对影响城市化率的5个指标进行双相关分析，指出人均GDP与城市化水平的相关系数最大，并对以人口的城市化率作为被解释变量，人均国内生产总值、特大城市人口比重为解释变量的回归模型，得出不同经济发展水平下，城市化率的标准值，并对我国城市化水平进行了判断。李金昌、程开明（2006）根据1978—2004年的统计数据，采用协整理论、Granger检验、ECM模型、脉冲响应模型和方差分解等定量模型，建立动态实证模型，论证了经济增长极大地促进了城市化率的提高，与城市化发展存在因果关系。郑长德、刘晓鹰（2004）通过利用时间序列数据和空间数据进行的实证分析，结果显示经济活动的非农化极强地推动了我国的城市化进程。

经济的增长必将带来产业结构和就业结构的转型，不同产业结构对劳动力的吸纳程度是存在差异的，越高级的产业结构在发展中创造出的就业机会就越多。产业结构的升级转换需要伴随就业结构的转型，以更好地促进城市化与经济的发展。产业结构和就业结构的角度分析，国内外不少学者也进行了探究。

国外学者吉尔伯特和古乐（A.Gilbert and J.Gugler，1964）通过建立人口城市化与工业化的回归模型，实证结果表明第二、第三产业的发展对城市化水平具有促进效应。索瓦尼（N.V.Sovani，1982）分析城市化问题时结合人口在不同产业结构之间的流动分布的理论，论证了人口在不同产业之间的合理流动与经济发展之间存在正相关的关系。而罗伯特·卡特（Robert A.Carter，1988）从另一个角度出发，研究了城市化与产业结构转型的关系。亨德森（Henderson，2000）指出一个国家的经济从农业为主向非农业升级的过程中，人口和产业必将聚集在城市地区，可以促进信息传播的效率，促进就业市场高效化，减少成本，提高城市化的发展水平。

国内学者吴宏洛，王来法（2004）指出我国的城市化水平一直低于工业化的水平，而根据 1952—2000 年人均 GDP 和就业比重来看，农业就业的比重高，非农业就业比重偏低，劳动力从农业流向非农就业存在严重滞后。并指出就业结构转换的滞后性是阻碍城市化进程的主要原因。洪业应（2012）采用因果检验的计量方法，研究产业结构对城市化的影响，结果表明产业结构的优化升级是加快城市化进程的原因。张洪朝、宗香涛（2014）以 1978—2011 年有关产业结构、就业结构和城市化水平的数据，采用 Granger 因果检验和回归分析的综合运用，实证分析我国三次产业结构、就业结构与城市化发展水平之间的关系，表明第三次产业布局与就业布局的均衡发展是促进城市化发展的原因。郑长德、刘晓鹰（2004）实证分析中也说明了第三产业的就业对我国城市化的发展存在很强的推动力。

美国哈佛大学教授、著名经济学家钱纳里在论述城市化与经济发展水平的关系时认为：城市化最初是由工业化所推动的，但当工业化的调整无法满足城市居民日益多样化的需求时，第三产业便开始在城市化的过程中充当主力。可以说，非农化产业升级带来的人口在地域间的转移是城市化发展的动力（辜胜阻、易善策等，2007）。童玉芬（2010）对1978—2008年我国农村劳动力的非农转移进行了阶段性分析和归纳，指出各阶段非农转移的规模、特征与同期经济发展特征的关系。城市化水平的不断提高是工业化进程的内在要求，同时又对就业结构的调整产生着绝对性的影响，我国改革开放后政府将经济重点放在发展第三产业，通过经济的发展、产业聚集等中介变量的作用，形成了第三产业发展与人口城市化率提高的良性循环（马寿海，2008）。刘爱英、姚丽芬（2011）立足于城市化与产业结构之间的关系，认为城市化水平的提高促进了第一、二产业就业结构的调整，第三产业就业规模的快速发展促进了城市化建设。但从我国改革开放以来的现实状况来看，城市化滞后于经济发展水平，由此导致就业容量扩增滞后和城乡就业压力加剧（朱宝树，2002）。这些文献都在一定程度上验证了推拉理论中关于经济发展水平差异构成城乡劳动力迁移主要动力的说法。

第三节 经济增长视角下的国内外就业研究

在经济增长与就业的关系方面，国外学者伊丽莎白（Elizabeth Funlayo，2013）研究了尼日利亚的经济增长对就业的影响。结果表明，尽管经济增长可以促进就业的增长，但不是最重要的。文章建议，如果政府支出倾向于劳动密集型的产业，经济增长对就业的促进效应将会更加明显和有效。森和科林（Kunal Sen-Colin Kirkpatrick，2010）分析了在开放的经济体之间，经济增长和技术变革对就业的影响。雷蒙多·索托（Raimundo Soto，2009）美元化促使厄瓜多尔物价稳定和经济增长，但却存在较高的失业率。对以上现象的解释：经济的增长导致对劳动力的需求增加，但物价稳定带来的更加廉价的中间产品和资本替代效应引发失业率居高不下。

经济增长与就业关系方面，国内学者厉以宁（2001）通过建立经济增长与城市就业之间定量经济模型，探讨了伴随经济增长，各产业对劳动力的吸纳程度。庄腾飞（2006）通过定量分析，利用六个国家自1983年以来有关失业率与经济增长率的统计资料，实证结果表明，在一定范围内奥肯定律呈现出了失效的状况。邹薇、胡翾（2003）指出我国产出与失业之间也出现了奥肯定律失效的现象。邓志旺等（2002）指出就业弹性系数在20世纪80年代中期之后的10年左右期间出现了震荡而非下降的现象。陈安平、李勋来（2004）通过建立协整和格兰杰检验模型，实证分析有效就业与经济增长之间的定量关系，表明有效就业与经济增长之间存在因果和长期均衡的关系，同时经济增长是有效就业的格兰杰原因。

不同的产业结构对劳动力的吸纳程度不同，不同产业结构要有与之相适应的就业结构，这样才能保证经济的平稳有序的发展。从产业结构和就业结构的角度出发，探讨城市化的过程中的就业问题。安本卓（C.Upendranadh，1994）指出增加劳动力的就业渠道，依靠劳动密集型产业的资本深化是行不通的。单江娟和苗田青（Jiangjuan Shan、Tianqing Miao，2014）协调产业结构和就业结构是一个国民经济的发展的信号。文章提出了产业结构和就业结构协调程度的偏差指数。并指出在中国，第一产业的产业结构和就业结构是不协调的，但并不意味着发达的经济是就业结构和产业结构和谐的必要条件。潘筱川（2002）指出第三产业的发展会创造出大量的就业岗位，吸纳大量的剩余劳动力，但是我国城市化发展缓慢是制约第三产业发展的“瓶颈”，今后必须大力推进城市化的进程。

王红梅（2009）从经济增长、就业弹性、产业结构、就业结构四个方面研究影响城市化的因素，定量分析苏州市城市化与就业之间的关系。谭岚（2014）利用杭州市1984—2012年的数据，通过建立计量经济模型，实证研究城市化与就业结构之间存在的动态过程，结果表明城市化促进第一产业劳动力的转出，促进第二产业劳动力的就业比重，但与第三产业就业比重没有长期均衡关系。韩燕、胡强（2012）采用灰色关联的方法，论证了城市化可以推动劳动力从第一产业向第二、三产业转移并就业，不断优化就业结构。李丽莎（2011）运用趋势分析和线性回归分析，指出城市化不仅能够促进就业结构的升级转型，也能够优化就业结构，使其伴随产业结构升级而升级。

国内外学者对城市化与就业方面的研究，为今后更深一度的研究提供了理论与方法基础。对于这方面的研究未来还是存在很大空间的。

第一，两者的互动影响的研究不多，大多只是单方面的研究城市化的影响因素或就业的影响因素。

第二，国内学者对国内的研究大部分局限于对全国的研究，我国的各个城市的经济发展存在很大的差异性，对一些特大城市的研究才更具有代表性。特大城市具备对劳动力的迁移的吸引力，同时经济的发展对劳动力的吸纳程度也较大，产业结构的升级完成得较好，较好地呈现出不同产业对劳动力的吸纳特征。

第三，对于城市化与就业相互影响的研究大多从人口迁移的角度进行阐述，国内学者大多在以往的经典理论的基础上进行修正，进行定性描述。理论是否符合我国的现实，需要通过数据来验证，如果只单纯从定性描述来分析我国的城市化与就业的关系，可能还不能更准确地表明城市化与就业之间相互作用是与理论匹配的。

第四，大部分的研究局限于城市化与城市就业的分析，城市就业只研究城市户籍人口的就业问题，而忽视了城市化的过程中，非户籍人口的就业问题。尤其是剩余农业劳动力主要是看与其各方面条件相似的非城市户籍人口在城市中的就业状况，忽视农业人口的就业状况的分析是片面的，将会与真实情况存在较大偏差。

第四节　新型城市化与就业均衡发展路径

有关城市化与就业关系的大多数研究只是片面地强调了城市化对就业的影响，而忽视了就业对城市化的作用，尤其是缺乏城市化与就业之间关系的系统的研究路径。因此，为弥补以上的不足，本章节的研究在已有的文献和理论上进行了扩展，既分析城市化和就业系统内部之间的联系，又探讨它们与社会经济之间深层次的关系。主要目的是寻找二者之间相互影响的特点和规律，以及未来趋势。同时试图寻找一条均衡路径，既使北京市以一个适当的节奏和方式达到一个“适度城市化”的水平，又能使无论是北京市人口还是外来人口达到最大限度的充分就业，同时又能最大限度地满足北京市的社会经济协调发展的规划及内在要求。

可以说，只要理清它们内部联系的机制，便能从各个环节上加以政策调整，实际上也就是城市化与就业均衡路径的选择。与前面两章节关于城市化对就业影响和就业对城市化影响不同的是，本章节更加侧重相互作用机制下的路径选择，在具体操作上将城市化和就业予以了细致的划分，即将城市化分为人口城市化、土地城市化和经济城市化三部分，就业也同样分为三部分，分别为就业数量、就业结构和就业质量。

以北京市为例，通过分析经济发展状况、产业结构、就业结构等一系列中介变量因素的影响，从而探究城市化与就业之间的相互影响和相互作用机制，以及它们之间的主要矛盾。它们之间的关系可近似用图 3—2 来表示。由此分析，本章节主要分为两部分，一是将城市化和就业放在大的社会背景下，分析北京市经济发展与城市化和就业的关系和均衡路径；二是从系统的角度来探讨北京市城市化和就业内部之间的相互作用和均衡路径。

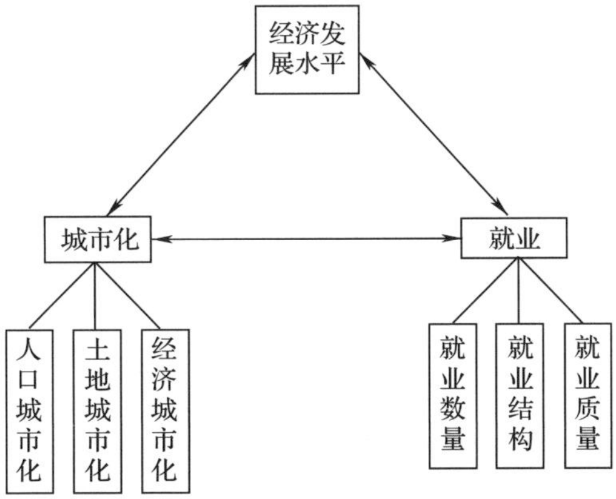

图 3—2　北京市经济、城市化与就业三者之间的关系

一、北京市经济发展水平与城市化和就业的关系

"推拉理论"从迁移动力角度将经济发展水平与城乡劳动力迁移联系到了一起，认为乡村人口向城市聚集并在此就业、生活，主要受乡村推力和城市拉力的共同影响。城市的"拉力"主要表现为：城市经济发展水平相对较高，能够提供更多的就业机会，同时，城市公共基础设施也更加完善等。而农村经济发展水平相对落后，提供就业能力不足，尤其是随着农业的机械化和规模化生产，农村剩余劳动力更多，还包括公共基础设施落后等因素构成了农村的"推力"。

北京市经济发展水平、城市化和就业这三者之间是相互促进的关系。一方面，从经济对城市化和就业的影响来看，经济发展水平的提高对城市化水平和就业的发展起着基础性的作用。托达罗模型中指出，人口流动的两个主要约束条件是城乡工资水平差距以及城市正规部门所能提供的就业概率（曾令华、江群等，2007）。因此，当城市经济发展到一定程度时，为维持自身可持续地发展，便会产生生产要素的聚集，并创造出更多的就业岗位。同时，通常情况下由于城市经济水平高于农村，其就业工资差距促使一部分农村剩余劳动力转移到城市，这不仅满足了适龄劳动力的就业需求，也对城市化水平的提高做出了贡献。

另一方面，从城市化和就业对经济影响的角度来看，城市化的本质不仅仅是人口的空间流动，更在于其职业上由农业向非农业的转变，从而带来产业结构的优化和升级，而不同的产业构成对经济的影响也是有所差异的。与第一产业相比，第二、三产业，尤其是第三产业中的高新技术行业，能够创造出更多的生产价值。

因此，随着城市化的发展，越来越多的人从事第二、三产业，尤其是高新技术产业，将会进一步促进城市经济的发展。

（一）北京市经济发展水平对城市化和就业的影响

索洛的经济增长模型中指出，就业增长率与经济增长率的变动趋势在理论上存在着一致性，经济的较快增长会推动就业的相应增加（王红梅，2009）。1978 年改革开放后，国家经济进入了高速发展时期，人们生活水平有了大幅提高。这一时期，北京市人均生产总值由 1978 年的 1 257 元 / 人急剧上升到了 2013 年的 93 213 元 / 人。北京市经济水平的高速发展构成了人口流入北京的重要“拉力”，一方面经济发展产生对大量劳动力的需求，能够为外来劳动力提供充足的就业岗位；另一方面，“配第—克拉克定理”表明，随着人均收入水平的提高，劳动力有依次向更高层次产业转移的趋势，而更高层次产业的就业产值弹性系数大，能够吸引更多的劳动力。

表 3—1　　1979—2013 年北京市三大产业就业产值弹性系数

年份	第一产业	第二产业	第三产业	年份	第一产业	第二产业	第三产业
1979	0.500	0.965	0.641	1997	−0.705	−0.102	−0.006
1980	−0.162	0.498	0.129	1998	0.777	−1.631	−0.039
1981	−0.083	−1.835	1.227	1999	6.537	−0.546	0.061
1982	−0.032	0.471	0.853	2000	−1.871	−0.266	0.149
1983	0.072	0.393	0.058	2001	−1.233	0.350	0.050
1984	−0.317	0.201	0.050	2002	−2.553	0.954	0.504
1985	−0.474	0.287	0.212	2003	−3.513	−0.213	0.673

续表

年份	第一产业	第二产业	第三产业	年份	第一产业	第二产业	第三产业
1986	−0.612	0.112	0.243	2004	−0.488	0.126	1.830
1987	−0.145	0.053	0.233	2005	0.765	−0.078	0.239
1988	−0.080	0.063	0.072	2006	−27.095	−0.303	0.416
1989	0.779	−0.035	0.419	2007	0.071	0.083	0.130
1990	−0.024	1.421	0.435	2008	0.304	−1.946	0.552
1991	0.025	−0.061	0.099	2009	−0.260	−0.431	0.382
1992	−0.963	0.036	0.373	2010	−0.249	0.083	0.272
1993	−2.451	−0.037	0.001	2011	−0.392	0.758	0.187
1994	0.484	−0.110	0.352	2012	−0.299	−0.368	0.550
1995	−0.400	−0.018	0.037	2013	−0.429	−0.111	0.462
1996	1.319	−0.377	0.045				

资料来源：根据《北京统计年鉴 2014》相关数据计算。

由表 3—1 可以看出，改革开放后北京市从事第三产业的人员与其产值的增长保持了一致性，且在大多数年份，第三产业对劳动力的吸纳能力要高于其他产业。表明在当前乃至今后的相当长一段时间内，第三产业的就业弹性仍是很大的，通过促进产业结构升级、大力发展第三产业，能够为北京市城市新增就业人口提供更多的就业岗位，这也有利于城市化水平的提高。

因此，经济的发展，有利于就业结构的改善，逐步增加第三产业的就业比重。而经济的发展带来生产要素聚集，进而吸引大量人口，这些人不仅是生产者，也是消费者，并且随着自身经济水平改善，他们的消费需求也更加多样化，即对服务性的消费需求也更多。这就有利于产业结构的升级和就业结构的改善，从而吸引更多的外来人口，促进经济发展。由此形成了经济水平

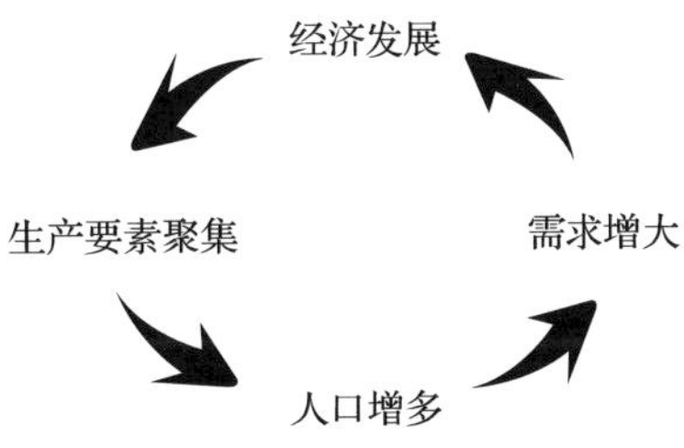

图 3—3　经济发展对城市化和就业的影响和促进

提高、城市化率上升、就业改善三者之间的良性循环。

（二）北京市城市化和就业对经济发展的影响

2013 年北京市城市化率达到了 86.30% 的较高水平，远高于同时期全国 53.73% 的平均水平 [①]。如果说在城市化初期，人口向城市聚集主要是从“量”上对经济产生影响，即流动人口为北京市经济发展提供了大量廉价劳动力；那么在当前的城市化水平下，城市内部功能的合理划分以及就业者素质的提高通过作用于产业结构的升级，从而更能为经济发展带来“质”的飞跃。即城市化带来的就业结构的转变和劳动者素质的提高有利于产业结构的升级，尤其是第三产业的发展，从而创造出更大的生产价值，促进经济的进一步发展。

以北京市作为对象，研究城市化和就业对经济发展影响，与全国或者相对落后地区作为对象的最大不同之处，就是它们之间的发展现状存在着阶段性的差别。因此，侧重北京市城市化质量和就业结构对经济的影响，而非数量上的状况，是当前相关研究的关键所在。

相关研究表明，相对于第一产业，第二、三产业，尤其是第三产业中的高新技术行业，能够创造出更多的经济价值。随着城市化的发展，从事第二、三产业人群的比重增加，将会进一步促进城市经济的发展。图 3—4 显示了北京市改革开放后三大产业产值构成的变化。从整体水平和趋势上来看，一产产值构成维持在低水平，远低于第二、三产业，且呈连年下降趋势。同样，二产产值构成也是在不断下降的，这里有一个转折点 1994 年。1994 年之前，二产产值比重虽然一直在下降，但基本上都维持在 50% 以上的高水平；而 1994 年之后，二产产值比重不仅降到 50% 以下，而且首次低于三产产值比重。相反，三产产值构成改革开放后是一直呈上升趋势的，目前已到达将近 80% 的较高水平。

① 资料来源：《中国统计年鉴 2014》。

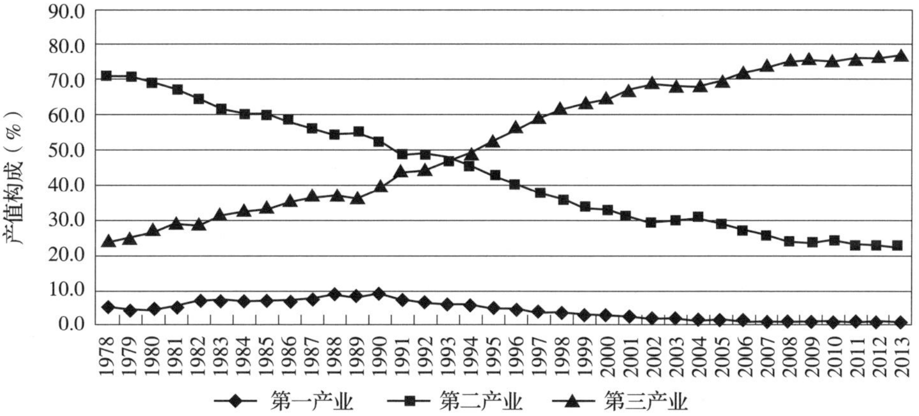

图 3—4　1979—2013 年北京市产值构成的变化

资料来源：《北京市统计年鉴 2014》。

除了第三产业对国民经济的贡献率要大于第一、二产业，其产值构成远大于其他产业外，其中部分高新技术产业更是北京未来发展的重中之重。受城市化的影响，当越来越多人的职业由农业转向非农业，便会促进第三产业的发展，从而有利于整体经济水平的提高。前文说过，北京市经济发展水平的提高有利于城市化的发展和就业机会的增多，反过来，城市化水平的上升、就业结构的调整同样会极大地促进北京市经济的进一步发展。

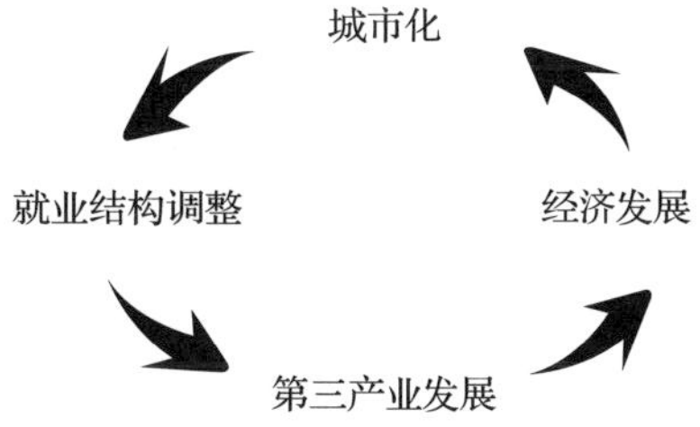

图 3—5　城市化和就业对经济发展的影响和促进

二、北京市城市化与就业之间相互影响和促进

北京市城市化与就业之间作用的机制并不是单向的、孤立的，它们之间存在着相互影响、相互作用，从某种程度上讲，它是一个不断循环的过程。例如，城市化水平的提高刺激着产业结构的调整，而产业结构的升级，尤其是第三产业的发展，将吸引更多的劳动力进入城市就业，从而进一步提高城

市化的水平。可以说，城市化与就业之间的相互影响和作用机制受到经济发展状况、产业结构、就业结构等一系列中介变量因素的影响，我们难以脱离这些因素而孤立地谈城市化与就业之间的关系。同时，城市化与就业之间的关系并不仅停留在表面上，其各自体系内部存在着相互作用。

由于关注的角度不同，城市化可具体划分为人口城市化、土地城市化和经济城市化等。而就业所涉及的范围更大，受本章节研究的需要以及北京市当前就业市场特征的影响，接下来的有关就业的分析主要侧重于就业数量、就业结构和就业质量三个方面。

（一）城市化对就业的影响和促进

2013 年北京市城市人口占总人口的比重约达到了 86.30%，这一数字让我们看到了北京市较高的城市化率，但同时我们也应意识到，城市化的真正意义在于其背后扩大就业和统筹城乡发展等实质内容（何宇鹏、张同升，2008）。农村人口进入城市后要不仅实现地域上的转变，更关键的是在于从传统的农业部门进入现代非农业部门，从而进一步促进城市化的发展，实现促进就业与发展城市化的良性循环。接下来关于北京市城市化对就业影响的分析主要从城市化分别对就业数量、就业结构和就业质量的作用三方面进行。

1. 城市化对就业数量的影响和促进

城市化水平的提高对就业岗位的增加起着直接或间接的促进作用。谢品杰、侯建朝（2012）利用动态计量方法分析了改革开放以来上海市城市化与就业量之间的关系，发现城市化的推进对上海市就业量有显著的正向影响作用，上海市城市化水平每增长 1%，能带动上海市全社会就业量增长 2.336%。城市化的进程受到多种因素的影响，其对就业数量的影响未必是直接的因果关系。

北京市城市化水平的不断提高反映了北京市内部城市人口比例的增加以及大量外来人口的流入。根据“理性人”假设，人口由农村流入城市并不是盲目的，而是经过权衡，争取利益最大化的结果。那么人口在流入之前，是对未来就业机会有一定预期的，进入城市后不仅大部分人满足了就业需求，也提升了北京市城市就业率。

在理论章节部分已经指出，托达罗看到了发展中国家农村人口流入城市和城市失业同步增长这一矛盾的现象，认为农村劳动力不断迁往城市，不仅会增加城市就业的压力，不利于社会稳定，也会造成农村劳动力不足。那么外来流动人口源源不断流入北京，即在北京市城市化的这一进程中，会分别对城市和农村就业数量造成什么样的影响呢？

一方面，毫无疑问，随着农业的规模化、集约化生产以及城乡之间的自由流动，越来越多的农村剩余劳动力从土地上被解放出来，他们选择到城市寻找工作机会，这极大地增加了农民个人、家庭乃至农村的经济收入。北京作为中国的首都、经济迅速发展地区，尤其是近些年第三产业的高速发展，需要吸纳更多的劳动力，这不仅为其他城市人口也为很多的外来农村人口提供了充足的就业岗位。

另一方面，针对城市化对北京市城市户籍人口就业的影响，由于改革开放后外来人口和常住外来人口大幅增加，常住外来人口已由 1978 年的 21.8 万人增加到了 2013 年的 802.7 万人，占到了常住人口的 37.96%，年均增长率为 13.96%。因此，许多人认为，在一定数量的就业岗位下，外来人口的增加将会大幅挤占北京市城市户籍人口的就业岗位，由此会导致北京城市户籍人口失业率的上升。那么事实是否是这样呢？图 3—6 和图 3—7 分别显示了北京市常住外来人口和城镇登记失业率的变化情况。可以看出，这两者之间的变化并没有太大的相关性，因此，我们难以确切地说外来人口的增加导致了北京市城市户籍人口失业率的上升。因为，外来人口尤其是农村人口很多都是从事城市本地居民不愿进入的“脏、乱、差、累、险”的低端行业，因此，城市化带来的大量外来人口的流入不仅没有给北京市城市人口就业带来压力，相反还开发了许多新的就业岗位，满足了城市对低端行业就业的需求（童玉芬，2007）。

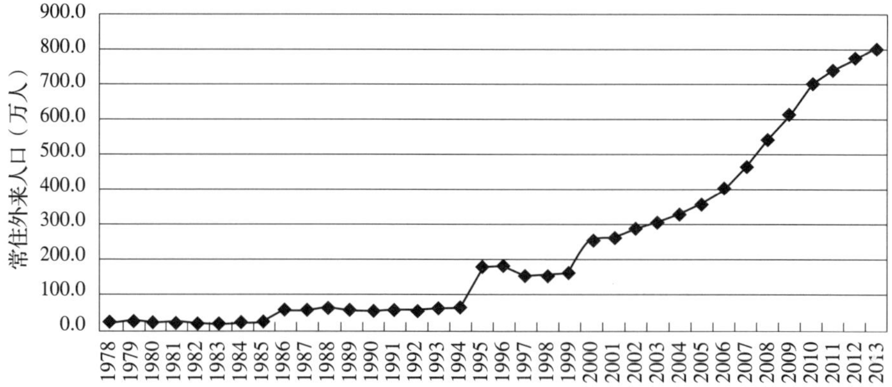

图 3—6　北京市常住外来人口变化

资料来源：《北京统计年鉴 2014》。

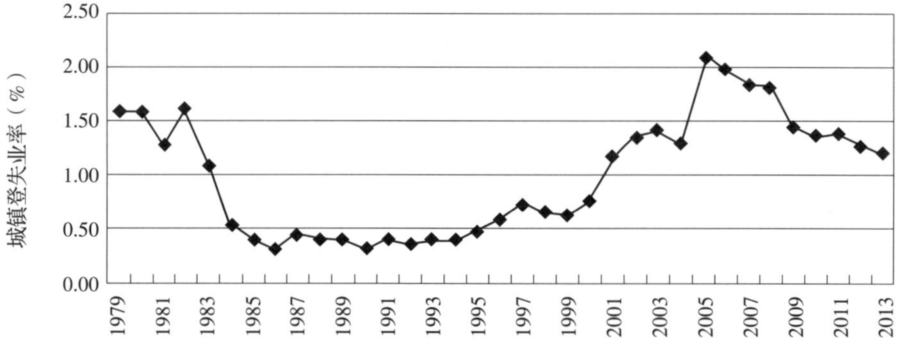

图 3—7　北京市城镇登记失业率变化

资料来源：《北京统计年鉴 2014》。

2．城市化对就业结构的影响和促进

就业结构又称社会劳动力分配结构，一般是指国民经济各部门所占用的劳动数量、比例及其相互关系。城市化水平的提高有利于就业结构的优化，尤其对第三产业就业比重的增加起着大幅度的推动作用。城市化不仅仅是人口空间分布的改变，更在于劳动力由从事第

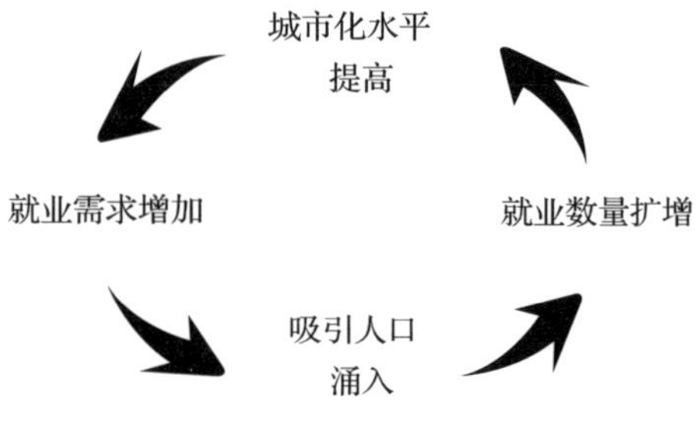

图 3—8　城市化对就业数量的影响和促进

一产业逐步向第二、三产业的转变。

改革开放后，北京市城市化进程快速推进，经济总量迅速增长，同时北京市的产业结构也得到了进一步的调整和优化。三个产业的产值占地区生产总值的比重由 1978 年的 5.2 ∶ 71.1 ∶ 23.7 演变为 2013 年的 0.8 ∶ 22.3 ∶ 76.9。可以看出，北京市第一产业和第二产业比重在不断降低，而第三产业比重得到大幅上升，这是符合经济发展一般规律的，有利于北京市经济向着绿色、可持续方向发展。

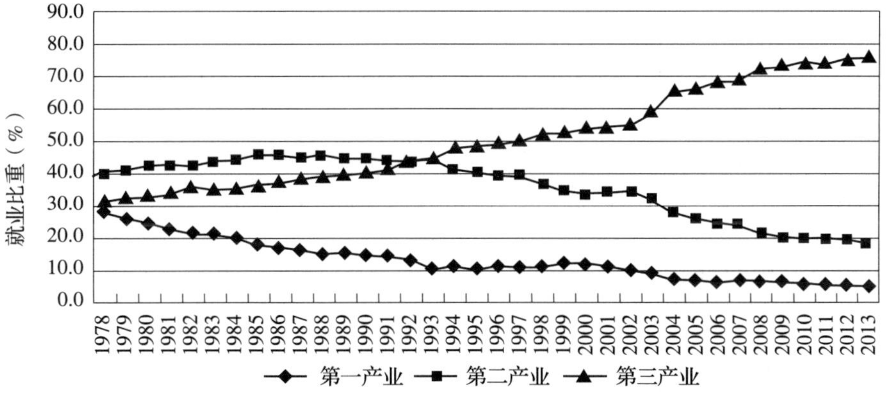

图 3—9　1978—2013 年北京市分产业就业结构变化

资料来源：《北京统计年鉴 2014》。

由图 3—9 可以看出，北京市第三产业就业比重在不断上升，而同时期第一、二产业就业比重在逐渐下降。三次产业就业结构由 1978 年的 28.3∶40.1∶31.6 转变为 2013 年的 4.8∶18.5∶76.7，这与北京市产业构成的调整有着同方向的变化。这种变化不仅仅是因为第三产业在数量上的扩散，更是由于第三产业的就业弹性较大，对劳动力的吸纳能力更强，有利于带动北京市就业结构的调整和优化。因此，北京市城市化对就业结构的影响主要是通过经济发展和产业结构起作用的，城市化水平越高，经济增长迅速，产业结构越能得到升级，从而进一步促使就业结构优化，即第三产业就业比重占绝对地位。城市化水平的提高，将大幅提高第三产业就业比重。这主要是因为城市化水平的提高意味着为第三产业的发展提供更加丰富的劳动力资源，在促进产业升级的同时也为这部分人提供了充足的就业机会。

所以，通过合理适度地提高北京市城市化水平，优化产业结构，将对北京市就业的增长产生积极的促进作用。

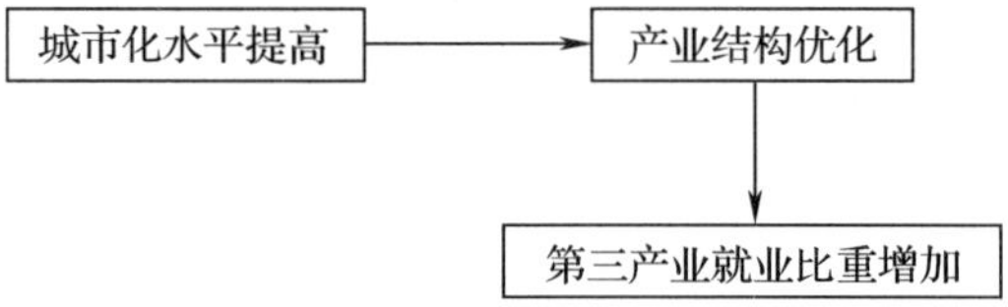

图 3—10　城市化对就业结构的影响和促进

3．城市化对就业质量的影响和促进

就业质量体现的是劳动者与生产资料结合的好坏，如工作环境、工作的稳定性，以及取得报酬的高低等，它是反映整个就业过程中劳动者与生产资料结合并取得报酬或收入的具体状况之优劣程度的综合性范畴（刘素华，2005）。2012 年北京市第三产业的就业比重虽然已经达到了 76.5% 的水平，第三产业从业人员数量有了显著提升。但外来劳动力，尤其是来自农村的从事第三产业人员，主要集中在低端行业，例如批发零售业和住宿餐饮业等。2010 年从事这两个行业人员的比重占到第三产业就业人员的 36.44%[①]。这些行业对劳动力技能和文化程度要求不高，不仅就业环境差，而且工作稳定性差、报酬低、工作福利难以得到保障。

事实上城市化对就业质量的负面影响是城市化质量不高的体现，而就业质量并不会随着城市化率的提高（量的增加）而自然改善，甚至还有可能继续恶化走上过度城市化的拉美道路。所以城市化必须要以第三产业良性发展为前提，提升第三产业的结构和质量，发展现代生产和生活服务业（孙鸿志，2007）。这里政府的规划和管理起着关键的作用，不能完全任由市场主导城市化进程。

① 资料来源：北京市 2010 年人口普查资料。

因此，随着北京市城市化水平的提高，一些农村人口在城市就业虽然获得了就业机会和工作收入，但就业环境和待遇需要得到进一步的改善。而这种就业质量的改善，又必须以第三产业结构和质量升级为基础，大力发展科学、技术、教育、文化、金融、物流等现代服务业，与现代化发展相适应（田雪原，2013）。使城市化质量真正地提高，从而提高就业质量。

城市化水平的提高是不可逆转的潮流，它是符合社会发展规律的。近些年北京市城市化处于快速发展的过程，并从数量上来看，它进入了成熟阶段，但这一阶段也处于由数量向质量转变的时期，仍旧面临着许多问题，而就业质量便是其中的一个重要方面。

就业质量不仅关乎就业者的劳动环境、市场的公平程度以及可持续发展能力，同时也影响到城市化的质量。只有第三产业内部结构和质量升级，才能有就业质量的提高，从而提高北京市城市化的质量。

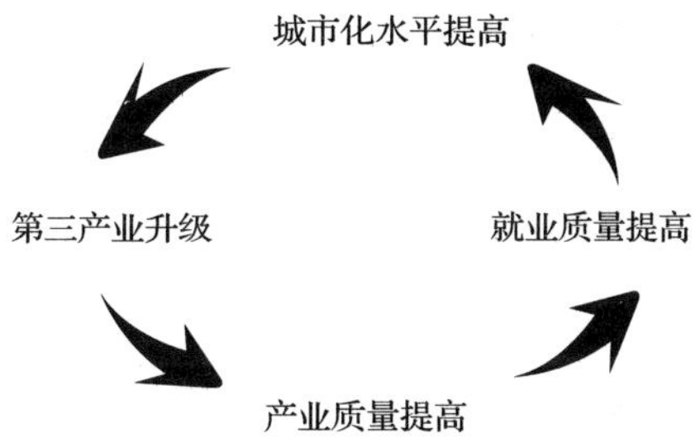

图 3—11　城市化对就业质量的影响和促进

（二）就业对城市化的影响和促进

城市化是指农村居民向城市生活方式的转化过程，表现为城市人口增加、城市建成区扩展、景观和社会以及生活方式的城市环境形成（范进、赵定涛，2012），它应是一个综合的、复杂的“人口、土地、经济”三维一体的过程（范虹珏、刘祖云，2014）。前面通过就业数量、就业结构和就业质量三个方面分析了北京市城市化对就业的作用机制，反过来，北京市就业状况对城市化的发展也有一定的影响。接下来，我们将通过城市化的三个主要方面，即人口城市化、土地城市化和经济城市化，来看北京市就业如何影响城市化发展的。

1. 就业对人口城市化的影响和促进（见图 3—12）

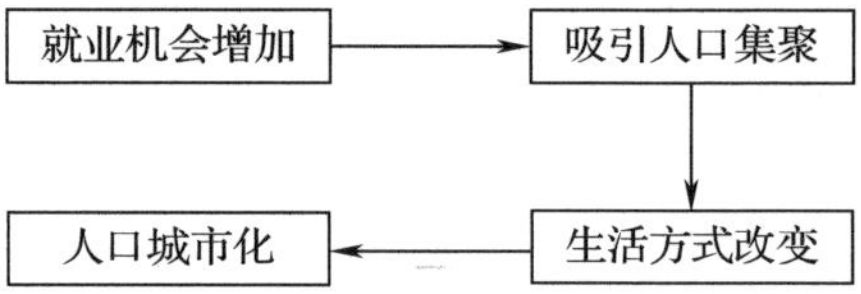

图 3—12　就业对人口城市化的影响和促进

城市就业机会的增加促进了劳动力的聚集，劳动力的城市聚集会促使其生活方式向现代化的转变，这有利于北京市人口城市化的发展。人口城市化是城市化的核心，其实质是人口经济活动的转移过程和生活方式的转变，即人口由农村向城市流动，由从事农业生产向非农业生产转移，由传统生活方式向现代生活方式转变。人口的城乡迁移最基本的动力是对更高收入的预期，而城市的就业意味着更高的收入，当城市的经济发展处于上升时期，就业形势良好，能够为外来流动人口提供充足的就业岗位时，劳动力在产业之间的转移便会引起人口的空间位移，从而促进了人口城市化的发展。同时，农村适龄就业人口向第二、三产业转移进入城市后，逐步将其家人带入城市，不管这部分家人就业与否或就业类型，他们都实现了地域上的转移。按照当前统计标准，在城市居住超过六个月就算作常住外来人口，则这部分因为有家人在城市就业而连带过来的人口同时也提高了流入地的城市化率。

适龄劳动力进入城市后，受就业环境、社会氛围等潜移默化的影响，其生活方式也会发生极大的转变。虽然这部分人身上仍或多或少保留一些流出地的生活习惯和文化烙印，但也开始尝试融入城市生活，在思想和行为上得到了选择性的吸收和同化，从而更加适应流入地的生活方式。十八大报告中提出“推进农业转移人口市民化，逐步把符合条件的农业转移人口转为城市居民”，也就是在城乡人口流动的过程中，不仅要让农民进城实现地域转移和职业转换，还要实现身份的转换，实现就业方式、人居环境、社会保障等一系列由乡村到城市的重大转变。

改革开放以来，北京市经济迅速发展，为外来人口提供了大量的就业岗位，实现了人口在空间位置上的转变，这是北京市城市化的一大成果。但同时，我们也应注意到，大量外来人口进入北京后，也产生了一系列的社会问题，流动人口对城市的适应便是其中的一个重要方面。

总之，北京市为外来人口提供的就业机会使得他们得到了相应的就业岗位、提高了自身的收入，在实现地域转变的同时，生活方式也有了一定的改变，但当前乃至今后的很长一段时间内，都有必要通过产业的升级、完善社会保障制度等措施，大力增强常住外来人口对北京生活方式、文化氛围等各方面的适应。这将有利于北京市城市化水平不仅在数量上还在质量上的进一步提高。

2．就业对土地城市化的影响和促进

北京市就业与土地城市化有着同方向的变化。土地城市化是城市化的载体，主要表现为城市建成区面积的增加，即农村的各类用地向城市经济社会用途土地的转变过程（鲁德银，2010）。土地可以利用的功能的改变是城市化的重要组成部分，无论是人口集聚、产业结构调整、还是基础设施的建设，都必须通过土地的重新配置来实现（吕萍、周涛等，2008）。因此，影响土地城市化水平有很多因素，例如地区经济发展水平、城市功能划分、产业结构调整与升级等。而就业对土地城市化的影响主要表现在住房、交通等公共基础设施的需求上升导致城市建成区面积的增加。

对北京市而言，受城市功能区划分特征的影响，常住人口就业主要集中在东城区、西城区、朝阳区、海淀区等在内的中心区域，而这一区域的住房数量有限以及住房价格过高，难以满足就业人口尤其是外来就业人口的住房需求。这就使得城市中心外围区域不断扩张，特别是许多土地要变为住宅用地，并由此产生了“职住分离”的现象。这就造成了北京市中心区域与郊区人口的潮汐式涌动，加剧了北京市交通压力和人们的生活成本、工作时间成本等。同时，外来人口在北京的就业逐渐稳定后，会将家人逐渐带入，这部分连带人口的增多也会产生更多的住房、交通等公共基础设施的需求。在当前条件无法满足的情况下，同样也会导致城市建成区面积的增加。

城市建成区面积的扩增是对土地资源的重新配置，但在这一过程中要防止以城市土地扩张进程代替整个城市化水平提高的片面思维，同时也要注意合理的、以人为本的土地城市化方式。回到北京市就业对土地城市化的影响，当前的主要问题是如何通过改善产业布局，从而带动劳动力就业与居住保持在一个合理的距离，这样既减轻了就业人员的工作时间成本、交通成本，又防止了土地的盲目扩张，避免了城市规划的不合理，同时保护了北京市的资源和环境，减轻“大城市病”的危害。

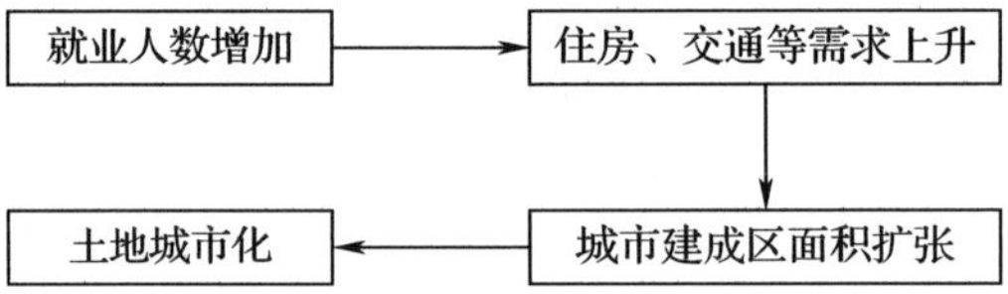

图 3—13　就业对土地城市化的影响和促进

3．就业对经济城市化的影响和促进

经济城市化是城市化的动力，在利润最大化动机下经济活动具有一种空间集中的向心力，不同的企业、行业向城市集聚能够使企业和行业获得集聚经济，主要指经济总量的提高和经济结构的非农化（程莉、周宗社，2014）。

毫无疑问，就业数量的增加为经济的发展提供了充足的劳动力，在单位劳动价值一定的情况下，就业劳动力越丰富，经济的规模越大，所创造的生产总值也更大，从而推动经济向城市的集聚，这是就业从规模上对经济城市化的影响。

改革开放后，随着北京市经济快速发展以及城市化水平大幅提高，当前乃至今后较长一段时间内，就业对经济城市化的影响主要是从结构上起作用的。第三产业的产业特征多为劳动密集型或资本密集型，比其他产业需要更多的劳动力，这令其更需要人口和生产要素的聚集。另外，相对于第一、第二产业，第三产业尤其是其中的高新技术行业对经济发展的贡献要大很多。

高新技术产业需要大量高素质高知识的创新型劳动力，而这一部分人才的大量集中通过知识溢出，能产生更大的集聚效应。例如北京中关村科技园区聚集大量电子科技人才，BAT也成为我国最具发展潜力和国际竞争力的科技企业，不仅带动北京经济发展更引领全国的经济发展方向。而低端第三产业和一些劳动密集型第二产业虽然能产生大量消费需求，但是却不是北京高质量的经济城市化所希望的，而且也不是北京比较优势所在。

因此，大量人口向城市集中，尤其是高技术人才的集中对产业升级、经济优质发展带来巨大的集聚效应，形成良性经济发展循环。即从事第三产业人员的比重提高将有利于第三产业的发展，不仅促进经济的加快聚集，更提振产业结构升级，优质化北京以创新为主题的经济城市化，对北京市经济城市化起着积极的作用。

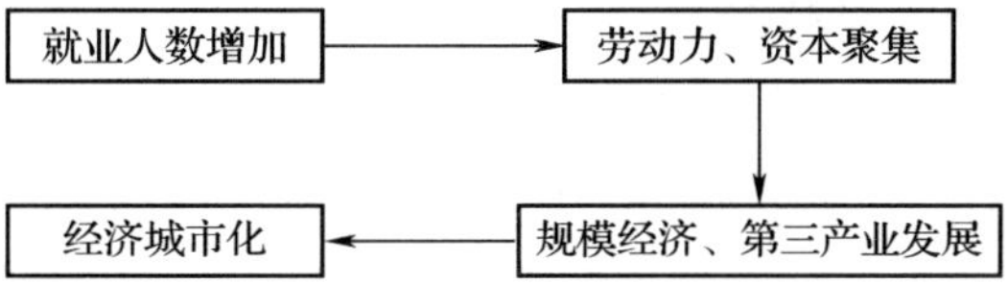

图3—14 就业对经济城市化的影响和促进

三、主要结论与建议

（一）主要结论

从以上分析中我们可以看出，首先，要了解北京市城市化与就业之间的关系，就不能忽视其他中介变量在其中所起的关键性作用，尤其是宏观性的社会经济发展状况。经济发展水平的提高通过提高劳动力需求量来作用于城市化和就业的进一步发展，经济水平越高，越能提供更多的就业岗位、吸引劳动力的聚集，从而带动社会城市化和就业的发展；而城市化和就业在“量”

和“质”上的变化在不同的阶段会对经济发展产生不同的影响。在城市化的初级阶段，主要是劳动密集型的、低端的就业需求，这时对经济总量的提高是有积极的促进作用；但随着城市化发展到一定阶段，尤其是在产生一系列就业、环境等问题后，需要通过产业升级来维持社会的可持续发展，从而对经济的影响实现了由“量”向“质”的转变。

其次，不仅北京市城市化、就业与社会经济三者存在着相互影响，城市化与就业系统内部之间的相互作用机制也值得关注。城市化对就业的影响主要表现在对就业数量、就业结构和就业质量三方面。城市化过程带来了大量人口的聚集，从而增加了就业数量、改善了就业结构，而劳动者就业质量是当前值得关注的一个问题。而就业对城市化的影响主要表现在对土地城市化、人口城市化和经济城市化的影响。就业人员的增加、劳动者素质的提高会在一定程度上扩展城市建设用地、带来更多人口的聚集以及产业结构的优化升级。

（二）主要矛盾与建议

当前北京市城市化与就业之间存在着许多矛盾，例如许多农民进入城市后只是实现了身份上的改变，却并未相应带来职业、生活方式由农业向非农业的转变；一部分在城市的流动人口受到自身条件限制、市场机制的不完善等因素的影响，其就业环境、待遇等面临着严重的问题，即就业质量有待进一步改善；还有很多劳动者就业仅停留在城市低端行业，这不利于产业结构的升级以及城市化质量的提高。

以上问题只是城市化与就业之间矛盾的一小部分，在当前社会经济发展背景下，人口的迁移流动是不可逆转的趋势，因此需要个人、企业以及政府的共同努力，而其中的关键是如何从一味追求“量”的增长转向“质”的飞跃。针对本章节分析过程中发现的问题，主要提出以下对策建议。

1. 转变经济发展模式，利用北京比较优势，促进产业结构升级

虽然当前北京经济的高速发展创造了大量的就业岗位，但经济增长对就

业的扩增能力却不断降低，表现为就业弹性系数的降低。显示数据表明，在大多数年份，第三产业对劳动力的吸纳能力要高于其他产业。表明在当前乃至今后的相当长一段时间内，第三产业的就业弹性仍是很大的。因此，通过转变经济发展模式、促进产业结构升级，使得第三产业成为吸纳劳动力的主导产业。以产业结构的升级带动人口的聚集，以产业合理布局和城市内部功能的合理划分来促使北京市人口调控政策的进一步落实。这能够为北京市城市新增就业人口提供更多的就业岗位，也有利于城市化水平的提高。

尤其是利用北京的人才优势，发展高新技术产业，优化产业质量，不仅转变了北京经济的发展方式，更有利于我国改善以组装和制造为主体的、缺乏国际竞争力的产业模式。

2．加强外来人口的就业培训，提高人力资本的投资

在未来产业升级、知识经济高速发展的背景下，要实现人口合理、有效地流动，城市就业市场就对劳动力的文化水平和技能有着更高层次的要求。而当前较多的农村外来人口文化程度低、缺乏相应的劳动技能，因此只能到一些非专业、非正规的部门工作，致使劳动力合法权益很难得到保障。一方面，政府应通过加大农村教育资金的投入和监管力度，普及义务教育。同时，随着北京产业结构的调整和优化，高科技产业发展迅猛，对高素质人才的需求越来越大。因此，要有长远的眼光，采取措施有效引导普通高等教育，改变劳动力素质结构。另一方面，政府和企业要通过加强职业培训力度和范围来提高劳动者素质，在当前就业市场条件下，有针对性地开展职业培训，这样不仅能创造更高的经济价值，也能促进城市化和就业在“质量”上的提升。

3．合理划分城市功能区，疏导中心城区非经济人口

北京市人口城市化远远快于土地城市化，这不同于我国其他中小城市。北京市有 80% 的人口集中在中心城区，城市功能区布局不够合理。而城市功能区的分布影响着产业的布局，从而进一步引导着人口的流向。当前北京市的各种机构和企业高度集中于中心区域，而中心区域除了这些产业外还有很多非经济人口，并且受住房价格和数量以及生活成本的影响，难以满足在这一区域所有就业人口，尤其是外来就业人口的居住需求。由此产生的“职住分离”现象不仅带来了巨大的交通压力，而且造成了北京市外围土地的盲目扩张和巨大的交通压力。为改变这种过度的土地城市化现象，应对城市功能有一个合理的规划，形成多中心的城市布局，合理规划产业分布，疏导中心城区非经济人口，从而引导就业人口和非就业人口的合理分布，促进地区经济的均衡发展。

4. 加强制度建设保障劳动力合法权益，改变“要人手不要人口”的现状

户籍制度和不健全的劳动保障制度使北京大量就业人口并没对北京有归属感，但令人欣喜的是北京推出了一系列居住证等改革制度，这能吸引更多优质高技术人才来京。完善公共服务系统，改革财税体制，达到财权事权统一，不仅能改善北京劳动人口的切身处境，还使北京政府更有力地合理规划城市。

参考文献

[1] Moomaw RL， & Shatter AM.Urbanization and Economic Development : A Bias toward Large Cities.Journal of Urban Economics，1996，(40).

[2] Blane D.Lewis .Urbanization and Economic Growth in Indonesia : Good News，Bad News and (Possible) Local Government Mitigation.Regional Studies，2014，Vol.48 (1).

[3] A.Gilbert， & J.Gugler.Cities，Poverty and Development.Oxford : Oxford University Press，1982.

[4] N.V.Sovani.The Analysis of Over-urbanization.Economic Development and Cultural Change，1964，(2).

[5] Robert.A.Carter.Innovation in Urban Systems : the Interrelationship

between Urban and National Economic Development.Annals of Regional Science, 1988,（22）.

［6］OLONI Elizabeth Funlayo.The Impact of Economic Growth on Employment in Nigeria .International Business and Management，2013，Vol.6（1）.

［7］Kunal Sen，Colin Kirkpatrick.A Diagnostics Approach to Economic Growth and Employment Policy in Low Income Economies：The Case of Kosovo .J.Int.Dev.，2010，Vol.23（1）.

［8］Raimundo Soto.Dollarization，Economic Growth，and Employment .Economics Letters，2009，Vol.105（1）.

［9］C.Upendranadh et al.Industrial Growth and Structure：Analysis of Manufacturing Sector in Kamataka .Economic and Political Weekly，1994.

［10］Jiangjuan Shan，Tianqing Miao.Space Research of China’s Industry Structure and Employment Structure Coordination Degree.Theoretical Economics Letters，2014，Vol.04（06）.

［11］Henderson，J.Vernon.The Effects of Urban Concentration on Economic Growth.NBER Working Paper，2000，（7503）.

［12］阿瑟·刘易斯.二元经济论［M］.北京：北京经济学院出版社，1989.

［13］钱纳里.发展的型式（1950—1970）中译本［M］.北京：经济科学出版社，1988.

［14］周一星.城市化与国民生产总值关系的规律性探讨［J］.人口与经济，1982，（1）.

［15］王金营.经济发展中人口城市化与经济增长相关分析比较研究［J］.中国人口·资源与环境，2003，（5）.

［16］张颖，赵民.论城市化与经济发展的相关性——对钱纳里研究成果的辨析与延伸［J］.城市规划汇刊，2003，（4）.

［17］李金昌，程开明．中国城市化与经济增长的动态计量分析［J］．财经研究，2006,（9）．

［18］郑长德，刘晓鹰．中国城市化与工业化关系的实证分析［J］．西南民族大学学报·人文社科版，2004,（4）．

［19］吴宏洛，王来法．城市化与就业结构偏差的相关性分析［J］．东南学术，2004,（1）．

［20］洪业应．人口城市化与经济增长、产业结构关系的实证研究［J］．第六届中国中部地区商业经济论坛论文集，2012.

［21］张洪潮，宗香涛．中国产业结构和就业结构的协调性与城市化发展关系研究［J］．商业时代，2014,（12）．

［22］厉以宁．中国城市就业研究［M］．北京：中国计划出版社，2001.

［23］庄腾飞．一定范围内奥肯定律失效原因的初探［J］．人口与经济，2006,（2）．

［24］邹薇，胡翾．中国经济对奥肯定律的偏离与失业问题研究［J］．世界经济，2003,（6）．

［25］邓志旺，蔡晓帆，郑棣华．就业弹性系数急剧下降：事实还是假象［J］．人口与经济，2002,（5）．

［26］陈安平，李勋来．就业与经济增长关系的经验研究［J］．经济科学，2004,（1）.

［27］潘筱川．城市化、第三产业发展与就业［J］．生产力研究，2002,（5）．

［28］王红梅．城市化与就业的相关性分析——以苏州市为例［D］．兰州大学，2009.

［29］谭岚．城市化与就业结构演变的动态计量分析［J］．统计与决策，2014,（20）.

［30］韩燕，胡强．基于灰色关联的我国人口就业结构产业结构与城市化

水平研究［J］. 西北人口，2012,（3）.

［31］童玉芬. 论大都市外来劳动力变动与城镇就业的关系——以北京市为例［J］. 人口学刊，2007,（05）.

［32］谢品杰，侯建朝. 城市化与就业互动关系的实证分析——以上海市为例［J］. 商业时代，2012,（29）.

［33］李林杰，于飞. 对我国城市化与就业结构依存关系的统计检验［J］. 统计与决策，2006,（13）.

［34］罗丽英，连泽凡，雷日辉. 人口城市化与就业结构演进——基于广东省的实证研究［J］. 商业时代，2013,（21）.

［35］辜胜阻，李华，易善策. 城市化是扩大内需实现经济可持续发展的引擎［J］. 中国人口科学，2010,（03）.

［36］朱宝树. 城市化与城乡统筹的综合改革［J］. 市场与人口分析，2006,（03）.

［37］辜胜阻，易善策，李华. 城市群的城市化体系和工业化进程——武汉城市圈与东部三大城市群的比较研究［J］. 中国人口科学，2007,（04）.

［38］马寿海. 北京人口城市化发展［J］. 人口与经济，2008,（01）.

［39］朱宝树. 论我国转型时期城市化滞后和城市就业问题［J］. 华东师范大学学报（哲学社会科学版），2002,（05）.

［40］刘爱英，姚丽芬. 中国城市化水平和就业结构关系的协整分析［J］. 特区经济，2011,（02）.

［41］汪泓，崔开昌. 中国就业增长与城市化水平关系的实证研究［J］. 南京社会科学，2012,（08）.

［42］谢娟娟. 农村城市化与就业问题探讨［J］. 理论与当代，2009,（01）.

［43］丁金宏. 未来我国分省人口城市化水平预测［J］. 人口研究，1995,（04）.

［44］童玉芬．中国农村劳动力非农化转移规模估算及其变动过程分析［J］．人口研究，2010，（05）．

［45］成学真，陈伟．兰州城市化进程及其对就业的影响分析［J］．开发研究，2006，（01）．

［46］杨宜勇，顾严，魏恒．我国城市化进程与就业增长相关分析［J］．教学与研究，2005，（04）．

［47］赵永革．就业压力下推进城市化的产业结构战略选择［J］．城市规划，2003，（06）．

［48］李建民．中国劳动力市场多重分隔及其对劳动力供求的影响［J］．中国人口科学，2002，（02）．

［49］朱镜德．中国三元劳动力市场格局下的两阶段乡—城迁移理论［J］．中国人口科学，1999，（01）．

［50］周天勇．托达罗模型的缺陷及其相反的政策含义——中国剩余劳动力转移和就业容量扩张的思路［J］．经济研究，2001，（03）．

［51］何景熙．“开流断源”：寻求充分就业的中国农村劳动力非农化转移理论与模型［J］．人口与经济，2001，（2）．

［52］曾令华，江群，黄泽先．非农就业增长与城市化进程相关性分析［J］．经济体制改革，2007，（01）．

［53］童玉芬．论大都市外来劳动力变动与城市就业的关系——以北京市为例［J］．人口学刊，2007，（05）．

［54］刘素华．就业质量：概念、内容及其对就业数量的影响［J］．人口与计划生育，2005，（07）．

［55］何宇鹏，张同升．人口流动和中国城市化的空间分布［J］．中国劳动经济学，2007，（02）．

［56］范进，赵定涛．土地城市化与人口城市化协调性测定及其影响因素［J］．经济学家，2012，（05）．

［57］谢品杰，侯建朝．城市化与就业互动关系的实证分析——以上海市为例［J］．商业时代，2012，（29）．

［58］范虹珏，刘祖云．中国城市化空间发展态势研究——基于人口、土地、经济城市化协调发展的视角［J］．内蒙古社会科学（汉文版），2014，（01）．

［59］程莉，周宗社．人口城市化与经济城市化的协调与互动关系研究［J］．理论月刊，2014，（01）．

［60］王红梅．城市化与就业的相关性分析［D］．苏州大学，2009．

［61］鲁德银．土地城市化的中国模式剖析［J］．商业时代，2010，（33）．

［62］吕萍，周滔，张正峰，田卓．土地城市化及其度量指标体系的构建与应用［J］．中国土地科学，2008，（08）．

第四章

北京市人口城市化对就业影响的实证分析

北京的城市化率已经处于一个较高的水平，主要表现在，大量迁移劳动力向第二、第三产业的转移就业，为经济发展提供了宝贵的劳动力资源，但过量的人口迁移会给北京市劳动力市场带来就业的压力，造成城市化与就业的矛盾。与此同时，城市严峻的就业形势也会给城市化的发展带来影响，如经济的增长水平直接影响城市对农村迁移劳动力的吸纳能力、产业结构的升级影响劳动力的流向等。在全国城市化快速发展的背景下，研究特大城市北京的城市化与就业问题具有重要的现实意义，解决二者之间的关系，不仅是新型城市化持续推进的保障，也必将促进社会经济的可持续发展。

针对城市化对就业的影响，北京市在城市化发展过程中，必定带来外来人口的大量聚集，如果没能很好地解决这部分人口的就业和生活问题，必将影响社会的稳定。所以就业问题直接影响到人民的切身利益，是构建和谐社会的主要因素之一，最大限度地促进就业是当地政府发展经济的首要任务。同时，我们不能忽视的问题是，在城市化快速推进的同时，也面临着严酷的就业事实，城市化的发展是否会缓解北京市大量迁移劳动力的就业压力，有效促进就业增长，实现充分就业？在这一问题下，研究城市化发展对就业的影响就显得更加的有意义。

本章节主要关注城市化对就业的影响，在相关理论的基础上，通过实证分析，运用脉冲响应函数和方差分解等方法，探讨城市化的发展对迁移到北京市的劳动力的吸纳程度，对就业的影响效应。

第一节　理论框架

一、奥肯定律

20世纪60年代，美国经济学家阿瑟·奥肯提出了奥肯定律，是阐述产出增长率与失业率之间的统计计量关系。根据现代经济增长理论——Solow模型，影响经济增长的因素包括技术、劳动力、资本等。在技术水平一定时，短期资本存量的变动将会很小，只有劳动力可以在短期内进行大量的投入，来使资本存量得到充分利用，使产出达到快速的增长。奥肯定律主要的表现形式有两种：一种是失业的变动对产出变动的影响，即实际失业率与自然失业率的偏离程度将会引起的实际增长率与潜在增长率的偏差。另一种是产出的变动对失业率的影响，即实际产出与潜在产出的偏离将会引起失业的变动。萨缪尔森（1994）认为"按奥肯定律GDP增长比潜在GDP增长每快2%，失业率将下降1个百分点；GDP增长比潜在GDP增长每慢2%，失业率将上升1个百分点"①。

二、就业弹性

城市化进程中，为了追求经济的快速平稳的增长，劳动力的投入和良好的就业水平是不可或缺的条件，同样，经济的增长为实现充分就业，尽可能多地吸纳劳动力提供了大环境。因此，经济增长与就业之间存在一种相互依赖的关系。就业弹性在一定程度上反映了经济社会对劳动力的吸纳程度，即经济增长每变动一个单位所引起的就业变动的程度。就业弹性有正有负，当

① 萨缪尔森，诺德豪斯．经济学（第16版）[M]．北京：机械工业出版社，1994：515.

其为正时，值越大，说明经济增长一个单位对劳动力的吸纳能力越强，充分改善了就业状况。当其为负时，值越大，说明经济增长一个单位对劳动力的吸纳能力越弱，拉低了就业状况，体现了一种对就业的“挤出效应”。但就业弹性为零时，意味经济增长将不会引起就业变动。

三、产业结构升级

经济的发展必将带来产业结构的转型，由传统以农业为主逐步向以城市中以工业为主，进而向高新产业转型。农业部门中，耕种面积是有限的，在技术水平不变的情况下，相对于人口来说比较稀缺的土地资源，一直是农业人口面临的难题。当土地耕作越来越集约，越来越糟糕的土地和劳动力的比率，在边际报酬递减规律的作用下，导致农业产出迅速递减，第一产业中将存在大量的剩余劳动力。经济发展带来以第一产业为主向第二产业转型，第二产业尤其是工业化的发展，是急需大量劳动力的投入，充分吸纳了第一产业释放的劳动力，促进第二产业的发展。当经济发展到一定程度，将向第三产业转型，第三产业以服务业为主，属于劳动密集型产业，同样需要大量劳动力，能充分吸纳从第一产业、第二产业转移出来的劳动力。

第二节　方法与数据

本文针对所研究的具体问题采用以实证分析为主、理论分析与实证分析相结合、文献研究加以辅助的研究方法。第二章本文从不同的角度归纳了国内外对城市化与就业之间关系的相关文献，接下来将在上文中所构建的理论框架的基础上进行实证研究，进一步挖掘北京市城市化与就业之间是如何相互影响的。

第一，在北京市就业对城市化影响的实证分析中，将采用多元线性回归、协整理论。

多元线性回归：在计量分析中，常常需要研究被解释变量和解释变量之间的相关性以及它们之间的弹性系数，多元线性回归法是一种常用的方法，公式：

$$y=\beta_o+\beta_1x_1+\beta_2x_2+\cdots+\beta_kx_k\ (k=1，2，3\cdots n)$$

其中，β_0、$\beta_1\beta_k$ 为因变量（y）对自变量（x^k）的弹性系数，β_0、$\beta_1\beta_k$ 自身的正负号就代表自变量与因变量之间存在的正负相关性。

协整理论：如果序列是非平稳的，但是同阶单整的，且回归后的残差为 I（0），说明变量之间存在长期均衡的关系，即是协整的。

第二，在北京市城市化对就业影响的实证分析中，主要是在向量误差修正模型的基础上进行脉冲响应函数分析和方差分解分析。

向量自回归模型（VAR）: 是把系统内所有的变量都作为内生变量来处理的，并把所有变量的滞后项也引入模型中，把单变量的自回归模型推广成由多元时间序列变量组成的“向量”自回归模型。一般表达式为 :

$$y_t=\boldsymbol{\Phi}_1y_{t-1}+\cdots+\boldsymbol{\Phi}_py_{t-p}+Hx_t$$

式中 : y_t、x_t 分别为维的列向量，为滞后期数，y_t 为内生变量，x_t 为外生变量。$\boldsymbol{\Phi}_1\cdots\boldsymbol{\Phi}_p$ 和为系数矩阵。

向量误差修正模型（VCEM）是根据向量自回归模型推导出来的，多用于具有协整关系非平稳时间序列，基本公式为：

$$\Delta y_t=\alpha\beta' y_{t-1}+\sum_{i=1}^{p-1}\Gamma_i\Delta y_{t-i}+\varepsilon_t$$

脉冲响应函数：是一种基于误差项变化或某种冲击下，对系统产生动态影响。下面将简单介绍一下其基本的思想。

$$y_t=\boldsymbol{\Phi}_1y_{t-1}+\ldots+\boldsymbol{\Phi}_py_{t-p}+\varepsilon_t$$

现在假定在初始期给 y_1 一个单位脉冲，即

$$\varepsilon_t=\begin{cases}1，t=0\\0，其他\end{cases}$$

其中，$\varepsilon_{2t}=0$，是否应为（$t=0，1，2，\cdots，n$），y_1 的一个单位脉冲所引起的 y_2 的响应函数为

y_{20}

y_{21}

y_{22}

⋮

⋮

因此，一般的 y_{kt}（ ε_{kt}=0，）收到 y_1 的一个单位脉冲的响应函数输出为：

$$y_{k0} \quad y_{k1} \quad y_{k2} \quad \cdots$$

同样也可以在第 t 期第 k 个变量的扰动项增加一个单位，其他扰动项不变，且其他时期的扰动项均为常数的情况下 y_{kt+1} 对 ε_{kt} 的一个单位冲击的反应，我们称为脉冲响应函数。

方差分解：是另一种描述系统动态的方法，它是通过分析每一个结构冲击对内生变量变化（通常用方差来度量）的贡献度，来评价不同结构冲击的重要性①。

本章节采用的城市化与就业的相关数据来自历年的《北京统计年鉴》《北京 60 年》，所用数据为直接获取或依据相关数据计算整理而得。

第三节　实 证 分 析

北京市的城市化发展过程中，必定带来外来人口的聚集，如果没能很好地解决聚集到北京来的大量人口的生活问题，必将带来社会的不稳定，所以就业问题直接影响到人民的切身利益，是构建和谐社会的重要因素之一，追求最大限度的就业是当地政府发展经济的任务之一。但我们不能忽视的问题是在城市化快速的推进的同时，也面临着严酷的就业事实，城市化的发展是否会缓解北京市大量迁移劳动力的就业情况，有效促进就业增长，实现充分就业，在此时研究城市化发展对就业的影响是一个十分有意义的事情。

① 高铁梅 . 计量经济分析方法与建模：Eviews 应用及实例 [M]. 北京：清华大学出版社，2009: 267—314.

一、模型建立和指标选取

（一）模型建立

基于第 3 章的理论基础，人口城市化的发展对不同产业就业规模的影响不同。本文接下来将针对 1978—2013 年北京市的人口城市化对三次产业就业规模的影响进行实证研究。

本文将采用向量自回归、协整理论、VCEM 模型、脉冲响应和方差分解等计量方法，将重点放在了脉冲响应函数和方差分解上面，即以向量误差修正模型（VECM）为基础进行脉冲响应函数和方差分解。模型的构建过程如下：

1. 首先 VECM 是在 VAR 模型的基础上进行修正得到的，其首要前提是每个序列为非平稳序列，并要求所有变量符合是 I（1）单整，所以要对每一个时间序列进行 ADF 单位根检验，在进行 ADF 检验之前要确定是否具有常数项和时间趋势项。

2. 建立 VECM 的另一个前提条件是符合 I（1）单整的所有变量之间是否存在协整联系，只有变量之间具有协整关系，即存在长期均衡的关系才能建立向量误差修正模型。在向量自回归模型的基础上进行 Johanse 协整检验理论加以确认，在 Johanse 协整检验之前需要决定 VAR 模型的最优滞后项到几阶，最优滞后的阶数将通过对各个统计量的综合考虑来确定。

3. 在通过协整检验的向量误差修正模型的基础上进行脉冲响应分析。

4. 在通过协整检验的向量误差修正模型的基础上进行方差分解分析。

在 VECM 模型建立后，使用脉冲响应函数分析和方差分解来分析城市化的水平对就业规模的影响作用。目前理论界对城市化对就业影响的研究比较少，而进行实证分析的会更加的稀少，本文所采用的模型分析是根据谢品杰、曾芬钰、孙波（2012）和谢品杰、侯建朝（2012）的实证研究，通过建立向量误差修正模型，进一步构建脉冲响应函数和方差分析模型，定量研究城市化的水平对就业规模影响的作用。

（二）指标选取

上述模型所涉及的变量指标有北京市人口城市化率和就业总人数，本文中人口城市化率仍然沿用之前的指标，对于就业总人数将从产业结构的角度出发，不同于以往研究中考虑社会中总就业人数，而忽视城市化对不同产业从业规模影响差异性的做法。具体指标如下：北京市的城市化水平表达为城市中户籍人口总数占北京市的常住人口的比重（y），从业量分产业从业量即第一产业的就业人数（x1）、第二产业的就业人数（x2）、第三产业的就业人数（x3），单位为万人。模型中数据根据北京市统计年鉴的统计数据，数据范围是 1978—2013 年。在实证的分析中为了消除原始数据可能存在的异方差，对所有变量取对数，分别记为 lny、lnx1、lnx2、lnx3。

二、模型结果分析

（一）ADF 检验结果

对 lny、lnx1、lnx2、lnx3 进行的是否包括常数项和趋势项的检验结果中除了 lnx2 不包括趋势项外，其他各个变量都包括趋势项。ADF 单位根输出的结果如表 4—1 所示，lny、lnx1、lnx2、lnx3 序列都是非平稳的，Dlny、Dlnx1、Dlnx2、Dlnx3 序列也都是平稳的，所用变量都符合 I（1）单整。

表 4—1　　ADF 检验结果

序列	ADF	5%的	10%的临界值	检验类型（c，t，k）	P值	结果
lny	−1.666	−3.564	−3.218	（c，t，1）	0.765 6	非平稳
lnx1	−2.213	−3.564	−3.218	（c，0，1）	0.482 4	非平稳
lnx2	−1.733	−2.975	−2.619	（c，t，1）	0.414 2	非平稳
lnx3	−1.621	−3.564	−3.218	（c，t，1）	0.784 2	非平稳
Dlny	−4.145	−2.978	−2.62	（0，0，1）	0.000 8	平稳
Dlnx1	−4.333	−2.978	−2.62	（0，0，1）	0.000 4	平稳
Dlnx2	−2.995	−2.978	−2.62	（0，0，1）	0.035 4	平稳
Dlnx3	−2.786	−2.978	−2.62	（0，0，1）	0.060 3	平稳

资料来源：eviews 导出结果。

（二）Johanse 协整检验结果

进行 Johanse 协整检验之前需要对 VAR 模型的最佳滞后阶数进行确认，最佳滞后阶数的确认将通过各变量输出结果来确定。根据综合考虑，由于本模型中因变量较多，滞后的阶数不能太小，否则不能完整地呈现构建模型的动态特性，滞后的阶数也不能太大，太大会引发估计的参数量太多，自由度下降。基于综合考虑，将选取的滞后 4 阶，在 VAR（4）的模型上进行 Johanse 协整检验，在此将采用 Trace 检验法，软件输出的结果如表 4—2 所示，在 5% 的显著水平上拒绝原假设，接受备择假设，具有 2 个协整的向量，说明变量间的长期均衡关系存在。

表 4—2　　　　Trace 检验结果

秩	Trace统计值	5%临界值
0	63.3249	47.21
1	30.252 2	29.68
2	9.804 6*	15.41
3	0.011 4	3.76

资料来源：eviews 导出结果。

（三）脉冲响应函数分析结果

脉冲响应分析是在向量误差修正模型（VECM）的基础上进行的，首先要求所建立的 VECM 模型是稳定的，VECM 模型的稳定性检验结果如图 4—1，本文所用的 VECM 模型是稳定的，因为单位圆内包括除了本身假设的单位根外所有其他伴随矩阵的单位根。

在以往利用脉冲响应函数做动态分析时多采用的是“正交”脉冲响应函数来实现，而正交化一般使用的形式是 Cholesky 分解完成，但是以该方法分解的结果严重依赖于模型中变量的次序，为了克服此缺点，避免变量次序的确定，本文将采用广义脉冲响应函数进行研究。

图 4—2、4—3、4—4、4—5 给出了 lny、lnx1、lnx2、lnx3 对于来自 lny 的一个新息的脉冲响应曲线。纵坐标表示响应程度，横坐标表示响应函数的追踪期数，选取 20 期进行研究。

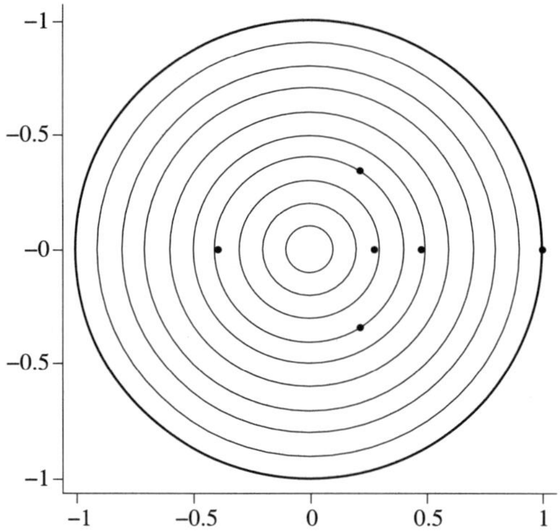

图 4—1　VECM 模型稳定性检验

资料来源：eviews 导出结果。

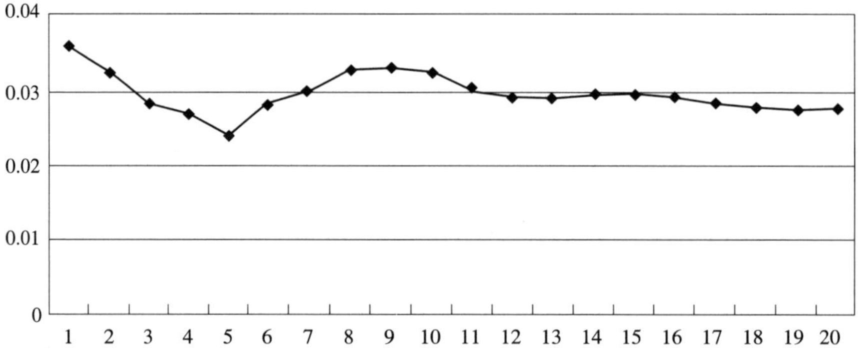

图 4—2　lny 对 lny 的冲击的响应轨迹

资料来源：eviews 导出结果。

由图 4—2 中 lny 对 lny 的冲击的响应轨迹可知北京城市化对于自身的一个标准差冲击，一开始该冲击就达到了响应的峰值，之后出现下降趋势在第 5 期达到了响应的最低值，之后又有回升的趋势，直到第 9 期达到了峰值，其后又开始波动下降趋于平稳。

由图 4—3 lnx1 对 lny 的冲击的响应轨迹可知，城市化对第一产业的就业量的冲击在初期就达到了响应的峰值，并且为正，之后出现了下降的趋势，并由正响应值过渡为负响应值，至第 4 期达到了最低响应值，之后有上升的趋势，并在第 8 期达到回升后的峰值，但仍为负值，之后出现波动下降上升的趋势，波动趋于平稳，但仍是负值，表明城市化的提高给第一产业就业量的变动带来了一种负面冲击。1978—2013 年中，第一产业的就业人数呈现不断下降，从事农业的劳动力越来越少，从 1978 年的 125.9 万人下降到了 2013 年 55.4 万人，减少了 70.5 万人，减少率为 56%，一半以上的从事第一产业的劳动力被释放出来，迁移到了第二产业以及第三产业当中。改革开放以来，经济的发展，科技的进步，惠农政策的实施，第一产业劳动生产率的提高等，促使农村剩余劳动力迁出第一产业，寻求更好的就业机会。

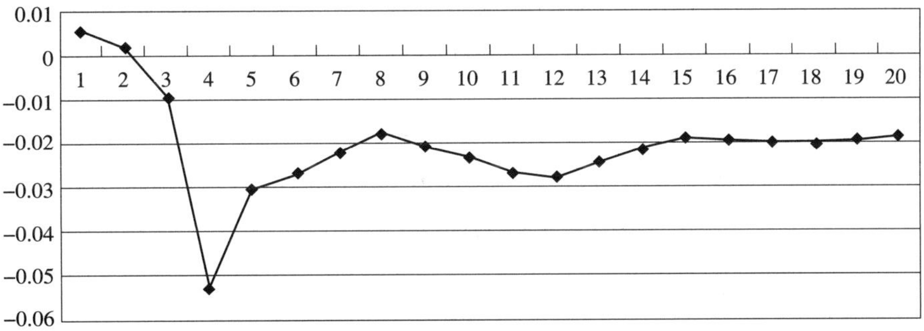

图 4—3　lnx1 对 lny 的冲击的响应轨迹

资料来源：eviews 导出结果。

由图 4—4 lnx2 对 lny 的冲击的响应轨迹可知，城市化对第二产业就业量的冲击在初期的响应为正，处于一种上升的趋势，在第 3 期达到了响应的峰值，之后两期有先下降后上升的短期波动，在第 5 期以后开始了下降的趋势，在第 15 期达到了响应最小值，之后波动变化趋于平稳；输出值一直为正，说明城市化的提高给第二产业就业量的变动带来了一定正面冲击，但冲击不断减弱，在 15 期之后冲击就很小了。从 1978—2013 年，第二产业的就业规模经历了先上升后下降，上升的幅度比下降的幅度要大，上升的幅度为增长了 58.29%，但后又下降了 24.89%，1978 年第二产业就业人数为 177.9 万人，2013 年为 210.9 万人，在 36 年间，共增加了 33 万人，增长了 18.55%。

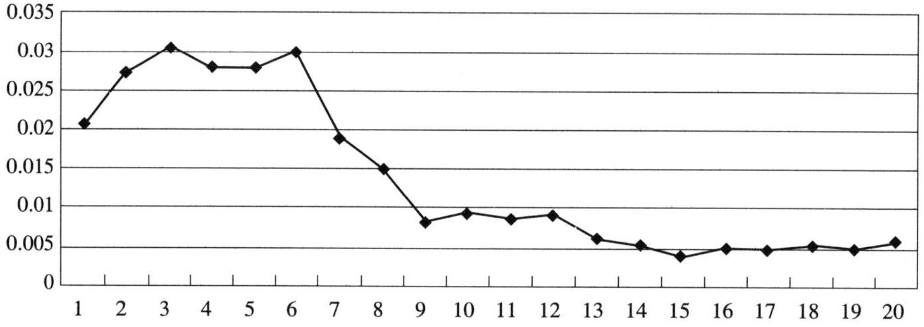

图 4—4　lnx2 对 lny 的冲击的响应轨迹

资料来源：eviews 导出结果。

由图 4—5 lnx3 对 lny 的冲击的响应轨迹可知，城市化水平对第三产业的就业量的冲击在初期响应最低，之后处于攀爬上升的阶段，在第 5 期上升到了响应的峰值，之后呈现下降的趋势并在第 10 期再一次到响应低谷，之后一直处于回升的趋势，由图可以看出城市化的提高给第三产业就业量的变动带来了一种正面冲击。第三产业的从业规模在 1978—1997 年呈现缓慢上升的趋势，从 140.3 万人增加到 327.2 万人，增加了 186.9 万人，增长了 1.3 倍多。在 1998—2013 年呈现快速增长阶段，从 324.7 万人增加到 874.7 万人，增长了 1.69 倍。伴随首都的经济发展，产业结构的升级，第三产业已经占据了主导地位，创造的岗位也不断增加，转移到第三产业的劳动力由少到多。

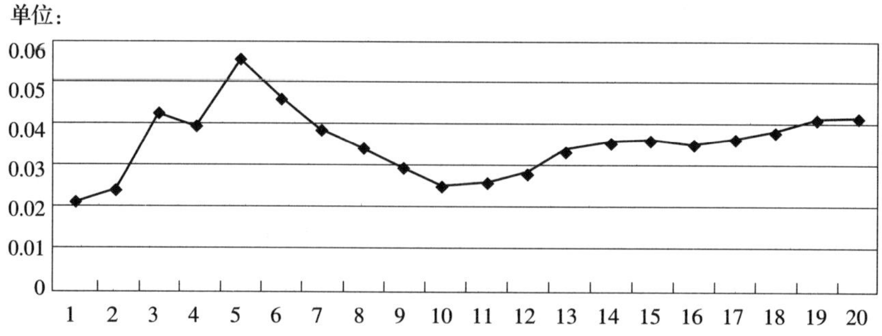

图 4—5　lnx3 对 lny 的冲击的响应轨迹

资料来源：eviews 导出结果。

（四）方差分解结果分析

表 4—3、4—4、4—5 是基于向量误差修正模型的我国第一产业、第二产业、第三产业就业量的方差分解结果。

由表 4—3 lnx1 的方差分解可知，对于第一产业的就业量来说，在 1 ~ 20 期内，来自自身方差的贡献率一直处于下降的趋势，从第 1 期的 98.76% 到第 20 期的 41.83%，而来自城市化的贡献率一直处于快速上升的趋势，并在第 18 期超过了第一产业就业量的自身方差的贡献率，为 44.14%，即我国第一产业就业量的变化量的预测方差的 44.14% 可由城市化的变动来解释，并继续上升，直到第 20 期的 45.11%，说明在全部考察期内城市化水平变动对第一产业就业量变动有显著的影响，并在后期超过了第一产业就业量自身冲击的影响。

表 4—3　　lnx1 的方差分解　　单位：%

	lny	lnx1
1	1.237 35	98.762 65
2	0.818 83	96.178 99
3	2.006 89	94.062 32
4	30.781 76	66.365 36
5	34.660 40	60.075 93
6	37.276 32	57.143 29
7	37.321 83	55.386 05
8	35.924 72	54.693 20
9	36.126 16	53.996 04
10	37.086 07	52.553 41
11	38.778 40	50.668 83
12	40.374 32	48.607 79
13	41.286 55	47.095 97
14	41.837 48	46.063 34
15	42.288 10	45.347 52
16	42.851 90	44.611 06

续表

	lny	lnx1
17	43.499 95	43.843 05
18	44.138 34	42.058 16
19	44.667 60	42.396 37
20	45.111 00	41.832 86

资料来源：eviews 导出结果。

由表 4—4 lnx2 的方差分解可知，对于第二产业的就业量来说，在所观察期内来自自身的方差贡献率一直处于下降的发展趋势，由第一期的 68.34% 下降到第 20 期的 26.83%，而城市化的反方差贡献率是先上升后下降，但在第 6 期超过了第二产业就业量的方差贡献率，即第二产业就业量变动的预测方差 43.75% 可由城市化水平的变动来解释。从第 6 期开始，第二产业就业量的方差贡献率中来自自身的贡献率始终小于来自城市化的贡献率。由此可见在 1 ~ 20 期内城市化水平变动对第二产业就业量变动有一定的影响。

表 4—4　　lnx2 的方差分解　　单位：%

	lny	lnx2
1	19.745 99	68.337 04
2	27.009 88	61.724 18
3	33.683 58	56.203 49
4	37.819 76	49.933 39
5	41.411 27	46.349 06
6	43.757 18	42.666 84
7	42.919 87	42.356 71
8	41.836 14	40.722 72
9	40.286 56	39.236 27
10	38.798 18	37.293 77
11	37.419 43	35.685 21
12	36.171 86	34.156 66
13	34.909 28	32.885 62

续表

	lny	lnx2
14	33.733 2	31.661 97
15	32.660 69	30.609 69
16	31.749 43	29.651 28
17	30.947 82	28.840 08
18	30.259 23	28.092 33
19	29.627 31	27.439 59
20	29.079 19	26.830 57

资料来源：eviews 导出结果。

由表 4—5 lnx3 的方差分解可知，对于第三产业的就业量来说，在 1 ~ 20 期内，来自自身方差的贡献率一直处于快速下降的趋势，从第 1 期的 69.86% 降到第 20 期的 10.79%，而来自城市化的方差贡献率是处于波动上升下降的趋势，波动幅度处于平稳，并在第 4 期超过了第三产业就业量的方差贡献率，为 31.98%。同时在第 8 期来自城市化的冲击影响达到了最大，为 45.53%，即第三产业就业量变动的预测方差 45.53% 可由城市化率的变动来解释。在第 4 ~ 20 期内，第三产业就业量的方差贡献率中来自自身的贡献率始终小于来自城市化的贡献率。由此可见在所有的观察期内城市化水平变动对第三产业就业量变动有显著的影响。

表 4—5　　lnx3 的方差分解　　单位：%

	lny	lnx2
1	23.477 26	69.857 18
2	28.270 78	53.289 04
3	32.255 59	35.079 25
4	31.977 26	25.865 31
5	38.120 22	21.846 72
6	41.055 54	21.028 47
7	42.075 1	21.167 86

续表

	lny	lnx2
8	42.526 58	20.245 22
9	41.535 51	19.342 21
10	39.923 07	18.188 26
11	38.265 98	17.376 68
12	36.915 76	16.458 61
13	35.996 18	15.584 74
14	35.130 59	14.585 32
15	34.212 04	13.742 66
16	33.229 87	12.966 59
17	32.397 65	12.355 57
18	31.750 85	11.760 18
19	31.303 46	11.259 5
20	30.938 55	10.787 88

资料来源：eviews 导出结果。

由以上的综合分析可知，城市化水平的变动是推进北京市各产业就业量变动的重要原因，有着不可忽视的作用。

第四节　主 要 结 论

通过将人口城市化、第一产业从业人数、第二产业从业人数、第三产业从业人数放进以 VECM 模型为基础的脉冲响应函数和方差分解的模型中，利用 1978—2013 年的数据进行城市化对就业规模影响作用的实证分析可知，城市化水平的变动是推进北京市各产业就业量变动的重要原因，起着不可忽视的作用，主要有如下结论。

一、城市化发展对第一产业就业规模存在负面冲击

北京市城市化对第一产业就业规模的负面冲击在考察期内一直是比较显

著，方差分解中也显示了城市化率的变动对第一产业就业规模的变动的贡献程度比较大，最大达到了44.14%，并在后期超过了第一产业就业量自身冲击的影响。

二、城市化发展对第二产业就业规模存在正冲击，但逐渐减弱

城市化对第二产业就业规模存在正冲击，但这种正冲击在后期逐渐减弱，但在所有考察期内一直为正。方差分解中也显示出了这一变化，在前期，城市化水平的变动对第二产业就业规模的贡献率出现快速上升的趋势，最高达到了69.86%，但之后出现了下降，虽然在后期，城市化水平的变动对第二产业就业规模的贡献率为26.83%，但仍然说明了城市化的发展对第二产业就业规模存在一定的影响。

三、城市化发展对第三产业就业规模存在较强的正冲击

北京市城市化对第三产业就业规模的正冲击在考察期内一直是比较显著的，存在较强的正冲击效应。方差分解中也显示了城市化率的变动对第三产业从业规模的变动的贡献程度比较大，最大达到了45.53%，在第4 ~ 20期内，第三产业就业量的方差贡献率中来自自身的贡献率始终小于来自城市化的贡献率。由此可见在所有的观察期内城市化水平变动对第三产业就业量变动有显著的影响。

第五章

北京市就业对人口城市化影响的实证分析

伴随着产业结构的升级与转型，就业水平与就业结构也将发生变化。北京市经济的增长、产业结构的升级，创造了大量的就业岗位，为充分吸纳转移劳动人口提供了良好的就业环境，但还是存在就业困难的问题，且就业形势依然严峻，逐年新增的劳动力供给远远大于需求，给就业市场很大的冲击。就业形势的严峻同样也会对城市化的发展带来影响，如就业形势严峻将会导致城乡劳动力流动减少，经济增长带来的各产业的岗位创造能力直接影响着各产业对迁移就业人口的吸收程度。

本章在分析北京市的就业对于城市化的影响时，将通过理论与实证相结合的方式进行研究，在就业对城市化影响的实证分析中，采用了回归和协整理论方法。

第一节　就业规模对人口城市化的影响分析

一、研究的理论框架

与传统城乡劳动力流动模型相比，美国经济学家托达罗在 20 世纪 70 年代发表的一篇文章中，提出了新的理论——托达罗模型。本文在以下的分析中，将在托达罗模型的基础上进行一些修正，建立一个农村劳动力迁移模型，来探究就业对城市化的影响效应。

（一）基本理论假设

1. 农村存在剩余劳动力，他们自愿放弃在家务农迁往城市的动力来自城乡预期收入的差距

托达罗模型提出农村劳动力的迁移动力不是来自城乡实际工资或实际收入水平的差异，而是由城乡预期收入差距决定的。

依照托达罗的观点劳动力流动的总量由其对城乡预期收入的差距决定的，公式可以表述如下：

$$M(t)=f[\mathrm{d}(t)] \quad f'>0 \tag{1}$$

其中，$M(t)$ 为某一时期农村劳动力流动的总量，$\mathrm{d}(t)$ 为某一时期农村劳动力预期的城乡收入水平的差距，f 表示劳动力流动总量与城乡预期收入差距的某一种函数关系，并且这种函数还具有一种特质，即一阶导数大于零，其含义是伴随城乡预期收入水平差距的增大，农村劳动力的迁移总量也随之增加。其中城乡预期收入水平的差距公式如下：

$$\mathrm{d}(t)=Y_u(t)\pi(t)-Yr(t) \tag{2}$$

其中，$Y_u(t)$ 表示 t 时期城市的实际收入，$Yr(t)$ 为 t 时期农村的实际收入，$\pi(t)$ 为 t 时期城市正规部门就业概率，托达罗认为城市正规部门在 t 时期的预期收入等于 t 时期预期的城市实际收入和当期就业概率之积，而农业部门在 t 时期的预期收入则为当期的实际收入，所以（2）式即表示 t 时期城乡预期收入差距。

城市正规部门的就业概率的公式如下：

$$\pi(t)=\frac{\gamma N(t)}{[S(t)-N(t)]} \tag{3}$$

其中 $N(t)$ 为城市总就业人数，$S(t)$ 为城市的总劳动人口，γ 表示为城市中正规部门工作的创造率，$\gamma N(t)$ 表示城市正规部门创造就业岗位的数量。就

业概率与城市正规部门岗位的创造率与数量呈正比，与失业人数成反比。

劳动力迁移与否与迁移的收益和成本有关，迁移劳动力在 t 时期以前找到工作的累加概率为 $p(t)$，公式为：

$$
\begin{aligned}
&P(0)=\pi(0)\\
&P(1)=p(0)+[1-p(0)]\pi(1)\\
&\vdots\\
&\vdots\\
&P(t)=p(t-1)+[1-p(t-1)]\pi(t)
\end{aligned}
\tag{4}
$$

根据公式（5）可以看到，$p(t)>P(t-1)>p(t-2)>\cdots>p(0)$，一个劳动力在一个城市找工作，待的时间越长，找到工作的概率就越大。这样，他宁愿待在城市也不愿意返回农村。

迁移到城市的劳动力大部分是青壮年劳动力，其对工作和报酬的预期也是比较长远的，所以对于在城市去留的问题也应该以长远的角度来决定。托达罗建立了劳动力在城市去留的模型，其迁移到城市的决策是预期在一段时间内收益与成本的差异决定，提出了城市转移劳动力在 N 期内的净收益的贴现值公式：

$$V(0)=\int_{t=0}^{n}[p(t)Y_u(t)-Y_r(t)]e^{rtdt}-c(0) \tag{5}$$

$V(0)$ 表示 0 ~ n 时期内城市转移劳动力的净收益贴现值，r 为贴现率，$P(t)$ 为找到城市正规部门的累积概率，$Y_u(t)$ 和 $Yr(t)$ 分别表示城市和乡村劳动的收入水平。γ 表示为城市中正规部门工作的创造率取决于经济的增长和劳动生产率的增长率。n 表示计划时间期的时间数，$c(0)$ 为劳动力迁移的成本（如搬迁费）。

2. 城市就业量以固定的函数增长

$$\frac{\Delta N}{N}=f(\lambda, P) \tag{6}$$

其中，λ 为经济的增长率，P 为劳动生产率的增长率。

3. 城市劳动力总量取决于自然增长和迁移增长

在城市化的发展过程中，农村剩余的劳动力每年按照一定的比率迁移到城市中，所以城市劳动力总量是由前一年的自然增加和当年的迁移增加组成。

$$\frac{\Delta S}{S}=a+u \tag{7}$$

a 表示城市劳动力的自然增加率；u 表示农村劳动力迁移到城市的劳动力增长率，也为迁移率。

4. 城市劳动力总量包括城市户籍的劳动力和农村劳动力

在城市化的过程中，每年都会有一部分迁移到城市的农村劳动力得到城市的户籍成为城市户籍的劳动力。

$$S=S_{城}+S_{乡} \tag{8}$$

其中 $S_{城}$为有城市户籍的劳动力，$S_{乡}$为农村劳动力。

5. 城市户籍的劳动力总量和农村劳动力总量取决于自然增长和迁移增长

在城市化进程中，每年迁移的农村劳动力一定比率变成城市人口，一定比率仍为农村劳动力。

$$\frac{\Delta S_{城}}{S_{城}}=a_1+u_1 \tag{9}$$

$$\frac{\Delta S_{乡}}{S_{乡}}=a_2+u_2 \tag{10}$$

其中 $a_1+a_2=a$，$u_1+u_2=u$

6. 城乡劳动力比与城乡总人口比存在某种线性关系：

$$\frac{R}{U}=h\frac{S_{乡}}{S_{城}} \tag{11}$$

其中 h 为线性系数，R 为农村总人口数，U 为城市总人口数。

（二）城市化率决定模型

根据公式 9 可以推到城市化率的公式：

$$\rho=\frac{U}{R+U}=\frac{1}{\frac{R}{U}+1}=\frac{1}{1+h\frac{S_{乡}}{S_{城}}} \tag{12}$$

根据上述的基本假设，可以得到就业率公式：

$$E=\frac{N}{S} \tag{12}$$

根据公式（11）可以得到就业率的增长率：

$$e=\frac{\Delta N}{N}-\frac{\Delta S}{S}=\frac{\Delta N}{N}-\frac{\frac{\Delta S_{乡}}{S_{乡}}}{1+\frac{S_{城}}{S_{乡}}}-\frac{\frac{\Delta S_{城}}{S_{城}}}{1+\frac{S_{乡}}{S_{城}}} \tag{13}$$

根据公式（12）和公式（13）可以得出：

$$e=f(\lambda,P)-\frac{(a_2+u_2)(1-\rho)+(a_1+u_1)\rho h}{1-\rho+\rho h} \tag{14}$$

对公式（13）进行变换就可以得到城市化的决定公式：

$$\rho=f(e,\lambda,P,a_1,a_2,u_1,u_2,h) \tag{15}$$

由于农村劳动力迁移率取决于城乡预期收入差距和户籍制度，北京市的户籍制度一直是未开放状态，所以户籍制度因素属于不变的，而且线性系数与劳动力的自然增长属于人口自然变动，所以在此都不予以考虑。综上，可以得出影响城市化的因素主要有就业、经济增长、劳动生产率变动、城乡收入差距等因素。

二、模型构建和指标选取

根据上文建立的相关理论框架，本文在下文的实证分析中将针对1984—2012年北京市就业水平对城市化发展的作用展开实证分析。

（一）模型构建

为了清晰地分析北京就业变化对城市化水平的影响，本文引入多元回归模型，探究城市化率的影响因素。

基本步骤为：

1. 首先利用统计分析工具（SPSS）对初始数据做回归分析，得出最初的回归模型，公式如下：

k=1，2，…，n（n 为变量个数）　　（16）

2. 对回归模型进行检验，主要是对模型中是否存在的多重共线性、异方差、自相关等进行检验。

3. 根据检验的结果对模型进行优化修正，以达到最优回归模型。

（二）指标选取

对于城市化的影响因素的具体指标如表 5—1 所示，在考察众多的影响变量后，共选取了 6 个变量指标，分别为北京市第二产业就业规模、第三产业就业规模、城乡收入比、北京市人均 GDP、第二产业劳动生产率、第三产业劳动生产率。

表 5—1　影响北京市城市化的指标体系

具体指标	变量
第二产业的就业规模（万人）	x_1
第三产业的就业规模（万人）	x_2
城乡居民收入比	x_3
北京市人均GDP（元）	x_4
第二产业劳动生产率（元）	x_5
第三产业劳动生产率（元）	x_6

就业主要由第二产业就业规模与第三产业就业规模，即第二产业和第三产业的从业人数来体现，劳动力迁移到城市中，主要是在第二产业和第三产业中就业，第二产业和第三产业的发展程度直接影响城市对劳动力的吸纳程度，不同产业之间对劳动力的吸纳程度不同，进而对城市化的影响效应也存在差异。

城乡收入比是城市居民人均可支配收入与农民平均每人年纯收入之比。代表了城市与乡村之间的收入差距，在此使用比例更好地反映了城乡收入的不均衡程度，比用相减的方法更能真实反射出城乡收入差距的内涵，不受价格指数的影响。

人均 GDP 主要是体现经济增长，它是体现经济发展的一个重要指标。

城市中创造的岗位主要来自第二产业和第三产业，因此城市就业量主要是受第二产业和第三产业发展的影响。第二产业劳动生产率、第三产业劳动生产率既体现了城市的经济发展，也体现了不同产业结构的转换对劳动力的影响，进而说明对城市化进程的影响。

以上指标均利用《北京市统计年鉴》中相关数据计算而得。数据范围为1984—2012年。

三、模型结果分析

（一）回归结果

根据以上描述及公式（16），对上述几个变量做多元线性回归，回归的结果如表5—2。经检验，在5%的显著水平线，模型的拟合优度达到了92.25%，拟合程度较好，并且通过了F检验，有些变量未通过T检验，其原因可能是由于变量之间存在多重共性，通过VIF值可以看出，变量之间存在多重共线性。

表5—2　　回归结果

模型变量	非标准化系数	标准差	标准化系数	T检验	显著水平	VIF值	R方	F检验	显著水平
	0.103	0.042	0.318	2.464	0.022	4.899	0.925	45.413	0.000
	0.056	0.032	1.313	1.75	0.094	165.855			
	13.577	2.947	0.668	4.607	0.000	6.200			
	0.000	0.001	−1.940	−1.162	0.258	820.147			
	0.000 03	0.000	0.209	0.327	0.747	120.517			
	0.000	0.000	1.038	1.157	0.26	236.869			
c	7.325	11.576		0.633	0.533				

资料来源：SPSS导出结果。

由于变量之间存在的多重共线性，导致回归达不到最优的结果，接下来将根据VIF值和各变量之间的相关系数表，如表5—3，综合考虑逐个剔除与其他变量存在严重共线性的问题，使其通过T检验。

表 5—3　　　　　　　　　各变量间的相关系数表

	第二产业就业规模	第三产业就业规模	城乡居民收入比	北京市人均GDP	第二产业劳动生产率	第三产业劳动生产率
第二产业就业规模	1	–0.736	–0.759	–0.797	–0.784	–0.842
第三产业就业规模	–0.736	1	0.703	0.988	0.981	0.960
城乡居民收入比	–0.759	0.703	1	0.729	0.689	0.783
北京市人均GDP	–0.797	0.988	0.729	1	0.994	0.989
第二产业劳动生产率	–0.784	0.981	0.689	0.994	1	0.980
第三产业劳动生产率	–0.842	0.960	0.783	0.989	0.980	1

注：显著水平在 0.01。

通过剔除引发多重共线性的变量，城市化率与剩余变量的回归结果如表 5—4 所示。回归结果显示各自变量间不存在多重共线性；回归方程调整后的 R 方为 0.920，说明方程的拟合优度很高；F 值为 96.223，且在 1% 水平下显著，说明方程的总体线性关系显著；方程中各自变量的 T 检验结果显示，各自变量均在 1% 水平下显著，表明各变量的显著性也较高。

表 5—4　　　　　　　　　　　回归结果

模型变量	非标准化系数	标准差	标准化系数	T检验	显著水平	VIF值		F检验	显著水平
	0.108	0.031	0.332	3.440	0.002	2.913	0.920	96.223	0.000
	0.023	0.004	0.540	6.115	0.00	2.442			
	15.559	1.864	0.766	8.345	0.000	2.642			
c	10.279	10.329		0.995	0.329				

对以上模型进行异方差与自相关的检验，结果为 DW=1.272，经查验 DW 分布表显示，DL=1.20 < DW < 1.65，处于无法确定是否存在序列一阶自相关的区域，通过 LM 统计量的检验，存在一阶自相关的显著水平为 0.048 2，存在二阶自相关的显著水平为 0.085 2，表明回归模型在 0.05 的显著水平下，

存在一阶序列自相关。同时检验序列的异方差，结果为 chi2（9）=21.85，Prob>chi2=0.009 4，表明回归模型也存在异方差。接下来为了同时消除异方差和自相关，使用 stata 软件，异方差和 AR（1）序列相关的可行的 GLS，采用 Prais-Winsten 迭代法，对模型进行修正，此方法可以同时消除序列相关和异方差。

修正的结果公式如下：

$$\frac{y}{\sqrt{h}}=7.213\ 796+0.134\ 5164\frac{x_1}{\sqrt{h}}+0.034\ 832\ 7\frac{x_2}{\sqrt{h}}+10.735\ 33\frac{x_3}{\sqrt{h}}+[AR(1)]$$

（7.62）　（8.02）　（5.12）

=9 914　F=96 122　DW=1 990 912

经检验，在 5% 的显著水平线，模型的拟合优度达到了 99.14%，拟合程度较好，并且通过了 F 检验、T 检验、DW 检验。

同时上述公式还可以转换为：

$$y=7.213\ 796\sqrt{h}+0.134\ 516\ 4x_1+0.034\ 832\ 7x_2+10.735\ 33x_3+[AR(1)]$$

（二）结果分析

由修正后的最优回归结果可以看出，其中第二产业就业规模、第三产业就业规模与城市化水平是正相关，在其他变量保持不变的情况下，第二产业就业规模提高 1 个单位，城市化率将提高 0.134 516 4 个单位。在其他变量保持不变的情况下，第三产业就业规模提高 1 个单位，城市化率将提高 0.034 832 7 个单位。

第二节　就业结构对人口城市化的影响分析

就业结构随着产业结构转型而进行的调整实际上是资源的重新配置，以达到最优状态。国民经济的健康发展需要就业结构与产业结构相互适应、协调发展。产业结构的优化升级完成后，就业结构随之进行调整的步伐与产业结构的升级并非一致，也就是说就业结构的调整存在滞后性，与产业结构存在一定的偏离，在偏离缩小与扩大的过程中就进行了不同产业之间的劳动力吸收与释放过程。由于就业结构调整滞后于产业结构的升级，在资源重置的过程中，就业结构与产业结构之间的这种偏离程度我们可以采用就业结构偏差系数来衡量。

城市化的发展与就业结构的转变是相互影响的，本节首先通过就业偏差系数来阐述在社会经济发展过程中各产业对劳动力的吸纳程度，其次采用协整检验来实证研究就业结构与城市化水平之间存在的长期均衡关系。

一、就业结构偏差程度与人口城市化发展的分析

（一）就业结构偏差程度

就业结构的转变是离不开产业结构转型过程中对劳动力的释放与吸收，就业结构偏差系数就是来衡量就业结构对产业结构的偏差程度。计算的公式：

$$D_i = \frac{V_i}{E_i} - 1 \qquad (1)$$

其中 D_i 表示 i 产业的就业偏差系数，i 取值为 1、2、3，表示第一、第二、第三产业，V_i 表示第 i 产业的产值占总产值的比重，E_i 表示第 i 产业的就业比重，V_i/E_i 为第 i 产业的比较劳动生产率，D_i 取值范围在（–1，1），当 D_i=0 时，表示就业结构与产业结构处于均衡状态，就业结构与产业结构不存在偏离，资源得到有效配置，是一种理想和追求的状态。当 D_i>0 时，说明产业结构优化升级后，劳动力还没有得到充分的转移与迁移，就业结构滞后于产业结构，是一种非均衡的状态。当 D_i>0 时，说明劳动力过分的看好某一产业的就业前景，迁移过度，使得均衡的状态被打破。

（二）北京市就业偏差程度与人口城市化的关系

数据来自《北京市统计年鉴》中 1978—2012 年的数据，如图 5—1，北京市就业偏差程度。从图中我们可以看出不同产业对劳动力吸纳的演变过程，可以分三个阶段进行分析。

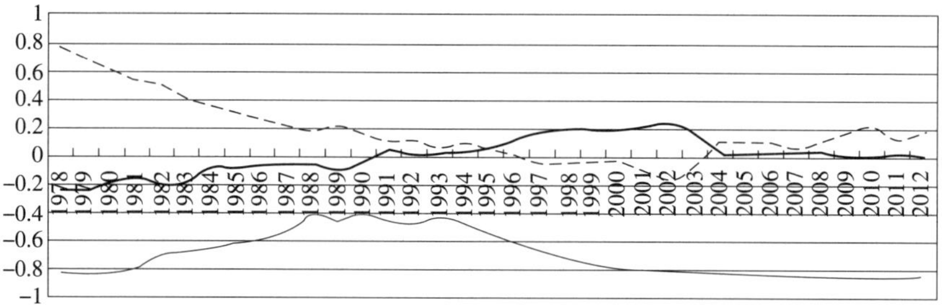

图 5—1　北京市就业偏差程度

资料来源：历年《北京统计年鉴》。

第一阶段从 1978 年到 1995 年左右，在这期间，第二产业的就业结构的偏差对劳动力的吸纳程度最大，对城市化的发展起主导地位。从图中可以看出第一产业的就业偏差系数为负值并且绝对值在逐年的减少，这是由于在这一期间第一产业的产值比重在逐年上升，就业比重在逐年下降，相对劳动生产率虽然较低，但也在逐年升高导致的。说明第一产业在这一期间存在大量的劳动力剩余，并且劳动力剩余量逐年的减少，向第一、第三产业转移，促进城市化的发展。从图中可以看出第二产业的就业偏差系数为正，并且逐年下降，从 1978 年的 0.77 下降到了 1996 年的 0.014，说明第二产业的就业结构与产业结构越来越趋于均衡，第二产业的发展提供了大量的就业机会，吸收了大量的劳动力，促进了城市化的发展。第三产业的就业偏差系数为负值，绝对值在逐年下降，说明第三产业中也存在着劳动力的剩余，但随着第三产业的发展，逐年在吸纳剩余的劳动力，并趋向于均衡的水平。

第二阶段从 1995 年到 2003 年左右，在这期间，第三产业就业结构的偏差促进城市化的发展起主导作用。从图中可以看出，第一产业的就业结构偏差系数为负，并且绝对值逐年的增加，这是由于第一产业的就业比重基本没有变，处于一种稳定状态，但是产值比重却在逐年下降导致的。这一现象导致第一产业存在劳动力的剩余，并且剩余逐年增大，这也为城市化的发展提供了迁移的劳动力。第二产业的就业结构偏差系数为负，绝对值先下降后上升，说明第一产业转移的劳动力转移量高于第二产业岗位的创造量，出现劳动力的剩余，但随着第二产业大发展，第二产业对于剩余劳动力的吸纳也增强，就业结构的偏差缩小，趋于均衡状态。第三产业的就业偏差系数为正，并逐年增加，说明第三产业的发展创造了大量的就业机会，充分吸纳了转移的劳动力，促进城市化的发展。

第三阶段从 2003 年到 2012 年，这期间，第一、第二产业的就业结构在促进城市化的发展中起主导作用。从图中可以看出，第一产业的就业偏差系数仍为负，绝对值逐年增加，这说明第一产业还是存在大量的劳动力剩余。第二产业、第三产业的就业偏差系数都为正，说明第二、第三产业的发展将提供更多的就业岗位，吸纳第一产业剩余劳动力的转移，促进城市化的发展。

综上所述，在 1978—2012 年北京市城市化的发展过程中，第二产业、第三产业的就业结构对于城市化的发展起到了主要的推动作用。

二、就业结构对城市化影响的实证分析

在上一节中我们通过就业结构的偏差系数分析了第二产业、第三产业即非农产业的就业结构对城市化的发展在 1978—2012 年起到主要的推动作用，但这种推动作用是否存在长期的均衡关系，本节将采用协整理论来实证分析第二、第三产业产就业比重与城市化的长期均衡关系。

（一）模型构建

为了更加清晰的体现非农就业结构对城市化的影响，本文将建立一个简单的协整模型。北京市城市人口占北京市常住人口的比重表示城市化率（y）、第二产业和第三产业的就业比重之和表示非农就业比重（x）。建立的协整方程为：

$$y=\beta_0+\beta_1x+r$$

采用最简单的 OLS 回归，回归的结果主要是看残差 r 序列是否为稳定序列，如果 r 为平稳序列则表明 y 和 x 之间存在长期均衡关系，否则反之。检验

残差（r）序列的平稳性，对 r 进行单位根检验，不含常数项和时间趋势，为了避免最佳滞后的阶数确定的问题，本文将采用 2 ~ 6 阶滞后阶数的结果。平稳性的判断标准为如果 ADF 统计量检验值的绝对值大于一定显著水平下的临界值，就说明改变量的序列是平稳的。

检验长期是否存在均衡关系的主要步骤为建立协整方程，检验方程残差的平稳性。但是在建立协整城市有一个很重要的前提，即回归的因子必须是非平稳的序列，所以在进行以上的模型构建时首先应该对时间序列进行平稳性检验，平稳性的检验是对序列单位根的检验，如果序列存在单位根说明序列是非平稳的，反之则证明序列是平稳的。本节将采用 ADF 法来检验时间序列的平稳性。

（二）模型结果

通过对 y、x 序列进行是否存在时间趋势和常数项的检验，结果表明人口城市化率与非农就业结构都存在时间趋势和常数项，因此在做 ADF 检验单位根时必须有时间趋势和常数项。协整分析的前提是时间序列是非平稳的，所以在做协整分析之前要对时间序列各变量的平稳性进行检验。平稳性的检验是对序列单位根的检验，如果序列存在单位根说明序列是非平稳的，反之则证明序列是平稳的。本节将采用 ADF 法来检验时间序列的平稳性，如表 5—5ADF 检验结果所示，在 5% 的显著水平下，y、x 序列是非平稳的，y、x 的一阶差分 Dy、Dx 是平稳的。

表 5—5　　　　ADF 检验结果

序列	ADF检验值	5%的临界值	10%的临界值	检验类型（c，t，k）	P值	结论
y	−2.005	−3.568	−3.221	（c，t，1）	0.598 7	非平稳
x	−2.325	−3.568	−3.221	（c，t，1）	0.455 6	非平稳
Dy	−4.140	−2.980	−2.622	（c，0，1）	0.000 8	平稳
Dx	−2.969	−2.980	−2.980	（c，0，1）	0.037 9	平稳

注：D 表示一阶差分，（c，t，k）表示检验类型，c 表示常数项，t 表示时间趋势，k 表示之后阶数。

接下来是检验残差（r）序列的平稳性，对 r 进行单位根检验，不含常数项和时间趋势（刘爱英等，2011），为了避免最佳滞后的阶数确定的问题，将采用 2 ~ 6 阶滞后阶数的结果（张洪潮，2014）。平稳性的判断标准为如果 ADF 统计量检验值的绝对值大于一定显著水平下的临界值，就说明改变量的序列是平稳的（张文等，2012）。如表 5—6 残差 ADF 检验结果。可以看出在 2、3 阶中 ADF 检验值的绝对值大于 5% 临界值，4 ~ 6 阶中 ADF 检验值的绝对值大于 10% 的临界值，所以残差序列是平稳的。

表 5—6　　　　　　　　　残差 ADF 检验

序列	ADF 检验值	1%的临界值	5%的临界值	10%的临界值	检验类型（c，t，k）	结论
r	−2.728	−2.649	−1.950	−1.603	（0，0，2）	平稳
	−2.174	−2.650	−1.950	−1.602	（0，0，3）	平稳
	−2.244	−2.652	−1.95	−1.602	（0，0，4）	平稳
	−1.912	−2.654	−1.95	−1.602	（0，0，5）	平稳
	−1.746	−2.655	−1.95	−1.601	（0，0，6）	平稳

注：D 表示一阶差分，（c，t，k）表示检验类型，c 表示常数项，t 表示时间趋势，k 表示之后阶数。

（三）模型结果分析

根据表 5—6 的结果显示，$r \sim I(0)$，所以 y 与 x 存在协整关系。结果表明：1978—2012 年期间，城市化率与非农就业结构存在长期均衡的关系，从回归的方程系数来看，非农就业的比重增加 1%，城市化率提高 1.594 359%。非农就业比重的增加对城市化的发展具有正向的促进作用。

第三节　主 要 结 论

通过建立多元回归分析、协整检验模型，将就业水平与就业结构因素纳入模型中，对 1978—2012 年的数据进行定性与定量分析，得出了就业对城市化影响如下结论：

一、第二、第三产业就业规模提高促进城市化发展

第二产业就业规模和第三产业就业规模的提高对城市化的发展起到了促进作用。由修正后的最优回归结果可以看出，其中第二产业就业规模、第三产业就业规模与城市化水平是正相关，在其他变量保持不变的情况下，第二产业就业规模提高 1 个单位，城市化率将提高 0.134 516 4 个单位。在其他变量保持不变的情况下，第三产业就业规模提高 1 个单位，城市化率将提高 0.034 832 7 个单位。

二、第二、第三产业就业结构对劳动力的吸纳起主导作用

在北京市城市化的发展历程中，第二产业、第三产业的就业结构对劳动力的吸纳起主导作用，并呈现交替状态。并且非农产业的就业结构在长期中与城市化的发展存在比较稳定的均衡状态，非农就业的比重增加 1%，城市化率提高 1.594 359%。非农就业比重的增加对城市化的发展具有正向的促进作用。

第四节　北京市就业对城市化发展的对策建议

构建和谐社会的北京，首要面临的挑战就是解决居民的就业问题，就业水平的提高是构建和谐社会的关键步骤。就业水平的提高是我国经济社会发展追求的目标之一，北京市应该平稳的提高就业水平，不能盲目地只追求高的就业水平，同时就业水平的改善会导致人们对于在北京市找工作的预期概率提高，必将会有大量的农村剩余劳动力转移到城市中，造成转移的数量大于岗位创造的数量，再次出现高城市化水平与高失业共存的现象。

第一，大力促进经济发展，提高就业弹性，加快岗位的创造速度，尤其是劳动密集型产业。

第二，在农村普及义务教育，进行职前培训，提高农民整体素质。农村剩余劳动力迁移到城市，大部分只能在非正规部门就业，进入正规部门的机

会很少，收入水平也偏低，导致城市内部劳动力的流进流出波动较大，极大地阻碍了城市化的进程。如果仅靠发展劳动密集型产业来加大对劳动力的吸纳程度是远远不够的，经济的发展，必将向技术密集型、资本密集型转移，提高农民的素质，为其在城市中找到更高端的工作打下基础，缓解大量的劳动力迁移带给低端产业劳动力市场的压力。高素质劳动力能够在城市中较快地找到工作，在城市中生活较稳定，有利于城市化发展和就业的稳定性。

第三，发展劳动中介服务，消除劳动力转移的信息障碍。劳动力市场的供求信息直接影响到劳动力的流动方向和流动总量，特别是农村，信息闭塞，农村大量的剩余劳动力获得的信息十分有限，大部分都是从在城市就业和生活的亲属或朋友那得到的，信息来源渠道十分有限。政府应该成立一种这样的服务组织，逐渐形成集就业信息、咨询、职业介绍、职业培训等为一体的服务体系，减少由于信息闭塞导致的盲目流动。这样的信息畅通可以将城市中的就业现状及时传递给迁移者，防止城市的就业容纳量还没有得到充分发展时，大量劳动力就盲目迁移，导致劳动力供给远远大于需求、在下一时期的就业状况恶化，造成高度城市化与高失业共同存在的现象，这是经济发展的一种畸形。

劳动力在产业结构之间的转移是城市化的重要推动力，促进北京市劳动力从第一产业向第二、第三产业的均衡转移，在转移过程中注意转移到第二、第三产业劳动力的数量是否与相应的产业结构处于均衡状态或趋向均衡的发展，防止盲目的转移导致的就业结构与产业结构越来越偏离，经济畸形发展，阻碍城市化的发展。同时伴随大量的农业劳动力向第二、第三产业的转移，也要提高第二、第三产业发展，以充分吸纳转移的劳动力。要继续发展第二产业，第二产业的发展是第三产业的基础，支撑着第三产业的快速发展，提供了更多的就业机会，促进就业的增长。在结构调整过程中，不能只注重第三产业的所吸纳劳动力的强度大而忽视第二产业的基础地位，要使第二、第三产业达到联动的机制，相互支撑与发展，各自发挥吸纳劳动力的能力，开拓城市化健康发展之路。第三产业是吸纳劳动力的主力军，尤其是服务业，劳动密集程度高，有极大的就业弹性，能够广泛的吸纳劳动力，促进就业和城市化。为了更好地利用第三产业对劳动力的吸纳力，要大力兴办服务业，加快制度创新，消除第三产业发展的体制障碍。

参考文献

[1] 李巍. 中国农村劳动力转移与托达罗模型的修正 [D]. 武汉科技大学，2009.

[2] 徐文晔. 中国农村剩余劳动力数量研究 [D]. 浙江大学，2009.

[3] 宋丽敏. 中国人口城市化与城市就业问题研究 [D]. 辽宁大学，2007.

[4] 王晓丽. 中国人口城市化质量研究——基于市民化角度 [D]. 南开大学，2013.

[5] 蔡昉. 中国就业增长与结构变化 [J]. 社会科学管理与评论，2007,(2).

[6] 吴宏洛，王来法. 城市化与就业结构偏差的相关性分析 [J]. 东南学术，2004,(1).

[7] 张洪潮，宗香涛. 中国产业结构和就业结构的协调性与城市化发展关系研究 [J]. 商业时代，2014,(12).

[8] 刘爱英，姚丽芬. 中国城市化水平和就业结构关系的协整分析 [J]. 特区经济，2011.

[9] 张文，郭苑. 城乡收入差距演化与就业结构转化的关系研究——基于中国经验数据的协整与因果分析 [J]. 经济体制改革，2012,(3).

[10] 王庆丰. 中国产业结构与就业结构协调发展研究 [D]. 南京航天航空大学，2010.

第六章

北京市未来劳动年龄人口规模结构预测

改革开放以来，外来劳动力的充裕供应和有效利用为北京市经济快速发展奠定了良好的基础，创造了历史性的发展机遇。从人口学的角度来说，劳动力供给规模和结构主要受到总人口数量、劳动年龄人口比重和劳动参与率三方面的影响，但在不同时期各因素所起的作用也是不同的。例如，童玉芬、齐晓娟（2008）采用因素分解的方法，发现 20 世纪 90 年代中期以后，劳动参与率变化的影响逐渐增大，特别是近些年成为了北京市劳动力供给数量增长的主导因素。同时，在全球人口老龄化的背景下，人口老龄化对劳动力供给数量、结构、素质等方面的影响不容忽视，也有很多的文章关注于此（卢元、朱国宏，2001；王放、谭燕，2007；郭建华，2011；王立军、马文秀，2012；郭瑜，2013）。

本章节在北京市历史人口和未来可能的动态变化的基础上，采用分要素人口预测法，以 PADIS–INT 软件[①]为工具，对北京市 2015—2050 年总人口和城市劳动力供给状况进行中长期展望，并从年龄结构的角度剖析总人口和劳动年龄人口构成，从中找出未来总人口和劳动力发展特点。

① 国际人口预测软件 PADIS–INT 是中国人口与发展研究中心依靠在人口宏观管理与决策信息系统（PADIS）一期建设过程中形成的技术优势，在联合国人口司的指导和协助下，研发的一套国际通用人口预测软件。

第一节　预测方法与假设

通常情况下，某一国家或地区人口总量的变化主要受到三个要素的影响：生育要素、死亡要素（或预期寿命）和迁移要素，其他任何非人口要素，例如国家生育政策、战争、疾病、社会经济状况以及医疗卫生水平等，都是通过上述这三个人口要素来作用于人口总量的。同时，已有相关文献、政府机构和组织也都是以此为基础来进行人口预测的，从而为地区未来养老、医疗、教育等相关政策的制定提供有效依据。

本文中的人口规模预测部分在分要素预测的方法的基础上采用 PADIS-INT 软件进行，基年人口为 2010 年北京市第六次人口普查的人口数据，预测区间为 2015—2050 年，预测参数分为城市人口和乡村人口两部分。分要素预测法的理论基础是人口平衡方程式，即报告期人口总数 = 基期人口总数 +（出生人口数 - 死亡人口数）+（迁入人口数 - 迁出人口数）。可以看出，人口变化主要受自然变动和机械变动的影响。在此，预测参数的设定是建立在北京市历史人口发展趋势和未来可能的动态变化的基础上，具有一定的合理性，但同时也应该明白，这种预测只是说明有条件的未来人口变化，在实际发展中存在着很多的不确定性。下面，我们将对生育要素、死亡要素和迁移要素三部分分别进行低、中、高三种方案的假设。人口预测参数基本假设如下。

一、生育要素

（一）总和生育率

2010 年北京市城市总和生育率为 0.69，乡村总和生育率为 0.72，都远低于 2.1 的生育更替水平。假设 2011—2015 年保持 2010 年的总和生育率不变，2015—2050 年的总和生育率呈线性增长。分别制订低、中、高三个方案，具体如下：

低方案，以 2015 年城市人口总和生育率 0.69 为参数（乡村人口 0.72），保持 35 年不变，作为参照和警示方案。

中方案，随着国家单独二孩生育政策的执行，受北京之前较为严格计划生育政策的影响，使得总和生育率较低，这就意味着符合生育二孩的夫妇较多，总和生育率有上升的可能性。假设以德国当前的生育水平为标准，同时结合当前情况来看，北京市整体的总和生育率很难在近几十年内增加一倍。因此，综合考虑后，我们将城市人口总和生育率从 2015 年的 0.69 增加到 2050 年的 1.09；乡村人口总和生育率从 2015 年的 0.72 增加到 2050 年的 1.33。

高方案，参照日本当前的生育水平，将总和生育率参数由 2015 年的 0.69 线性递增到 2050 年的 1.40；乡村人口总和生育率参数由 2015 年的 0.72 线性递增到 2050 年的 1.40。

（二）生育模式

生育模式是指育龄妇女分年龄生育率占总和生育率的比例，表明一定时期内形成的规律性生育方式，它受到人口自身因素、社会因素和经济因素等的影响。从计划生育政策执行以来，北京市已由被动型的低生育率模式转向自觉型的低生育率模式，在没有更大范围可预见的强制性生育政策和社会动荡的前提下，生育模式并不会在短时期内发生太大的变化。因此，本研究采用表 6—1 中 2010 年北京市城市和乡村育龄妇女分年龄生育率作为预测用的生育模式，并假定未来 40 年保持这一生育模式不变，即低、中、高方案相同。

表 6—1　　2010 年北京市城乡育龄妇女分年龄生育率　　单位：岁，‰

年龄	城市	乡村
15	0.00	0.00
16	0.00	0.00
17	0.00	1.39
18	0.60	1.64
19	2.02	3.26
20	4.10	8.14
21	9.12	22.24
22	12.52	34.37
23	21.21	53.26
24	26.10	81.95

续表

年龄	城市	乡村
25	30.11	73.34
26	33.76	57.50
27	44.42	63.63
28	63.94	60.17
29	67.31	47.72
30	63.84	34.16
31	60.13	42.35
32	55.53	37.09
33	42.89	17.27
34	36.64	20.20
35	28.69	15.21
36	21.48	13.32
37	16.76	11.73
38	13.93	4.68
39	9.46	5.57
40	8.03	2.99
41	4.85	5.96
42	5.54	0.00
43	2.81	1.85
44	0.00	0.39
45	0.00	2.16
46	0.00	0.00
47	0.00	0.70
48	1.59	1.49
49	1.45	0.52

资料来源：北京市第六次人口普查。

（三）出生性别比

由表6—2中的数据和图6—1的变化趋势可以看出，北京市近10年的常住人口出生性别比虽然有所波动，但基本上都稳定在110.0前后的水平。其中，高于正常值的出生性别比主要受到外来人口的影响。外来人口的出生性别比这10年间的绝大部分都在118.0以上，有一半的年份甚至达到了120.0以上。与此相反，户籍人口的出生性别比基本都在106.0这一正常值上下波动。随着北京市限制外来人口盲目涌入政策的落实，以及社会性别平等文化、低生育意识潜移默化的影响，外来人口的出生性别比在未来一段时间内将呈现下降的趋势，从而带动北京市整体出生性别比的降低。具体假设如下：2010年北京市城市人口的出生性别比为110.02，以此为基数，到2030年按线性内插值递减到106.00，以后保持这一水平。乡村人口的出生性别比保持2010年的106.46这一正常值不变。（低、中、高方案相同）

表6—2　　2001—2010年北京市出生性别比

年份	常住人口	户籍人口	外来人口
2001	114.6	114.1	120.9
2002	108.9	106.4	117.7
2003	108.4	104.8	118.3
2004	109.0	106.2	123.4
2005	109.8	107.5	122.1
2006	111.8	108.7	118.2
2007	109.8	107.3	118.1
2008	109.3	106.3	118.8
2009	112.1	107.5	123.4
2010	111.5	106.9	121.3

资料来源：2011年北京市人口和计划生育年鉴。

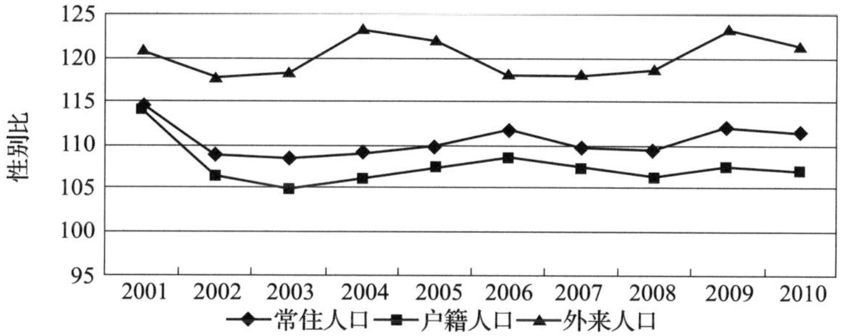

图6—1　2001—2010年北京市出生性别比变化趋势

资料来源：2011年北京市人口和计划生育年鉴。

二、死亡要素

（一）平均预期寿命

联合国的相关研究表明，随着社会、经济、医疗卫生水平的不断发展，每个年龄队列人口的寿命都在随之提高，并且预期寿命达到一定水平后将出现减速递增的趋势，并根据经验数据制订了详细的寿命预测方案（如表6—3）。

表6—3　　联合国预期寿命预测步长值

目前预期寿命	每5年的增加值	
	男性	女性
55.0～57.5	2.5	2.5
57.5～60.0	2.5	2.5
60.0～62.5	2.3	2.5
62.5～65.0	2.0	2.5
65.0～67.5	1.5	2.3
67.5～70.0	1.2	2.0
70.0～2.5	1.0	1.5
72.5～75.0	0.8	1.2
75.0～77.5	0.5	1.0
77.5～80.0	0.4	0.8
80.0～82.5	0.4	0.5
82.5～85.0	0.2	0.4

北京市2010年常住人口平均预期寿命男性为78.28岁，女性为82.21岁。随着医疗技术的不断进步，社会经济的发展所带来的生活水平的提高，人口预期寿命将会不断增加。按照联合国经验步长值，北京市男性从2010—2050年，平均每年增加0.08岁；女性2010—2013年平均每年增加0.1岁，而从2014年开始，平均每年增加0.08岁（北京市城市和乡村的低、中、高方案相同）。到2020年男性平均预期寿命将达到79.08岁，女性将达到83.07岁；到2050年，男性和女性平均预期寿命将分别进一步增加到81.48岁和85.47岁。

（三）死亡模式

死亡模式是指不同历史时期和不同社会经济文化条件下具有明显差异的

死亡类型。此处城市和乡村均采取联合国生命表中的“一般”死亡模式保持不变（低、中、高方案相同）。

三、迁移要素

迁移要素包括迁入人口和迁出人口，迁入人口数 - 迁出人口数 = 净迁入人口数，此处关注净迁入人口规模的变化。从图 6—2 的历史数据可以明显看出，不管是城市净迁入人口还是乡村净迁入人口，在个别年份波动比较大，这主要是受关于外来人口的调控政策以及城乡划分标准变动的影响。除去这些特殊值，可以发现城乡净迁入人口呈现规律性的变化趋势。2000 年后城市净迁入人口数量明显增多，平均每年净迁入 57.37 万人，但最近几年受严格控制外来人口规模措施的影响，城市净迁入人口有进一步下降的趋势。与此同时，乡村净迁入人口除去如 1990 年、2005 年等年份的特殊变化，其余均稳定在 0 上下。但随着《北京市城市总体规划（2004—2020 年）》中有关各“次区域”均衡发展政策的进一步落实，外来劳动力进入乡村使得净迁入人口保持在 0 以上，然而受自身经济发展水平的限制以及越来越多的人变为城市人口，净迁入人口数量也不会太高。综合以上北京市城乡人口发展趋势分析以及限制大城市人口规模措施，在很长一段时间内，城乡每年的净迁入人口仍是正值，但随着时间的增加，增长幅度会有所减缓。具体假设如下：

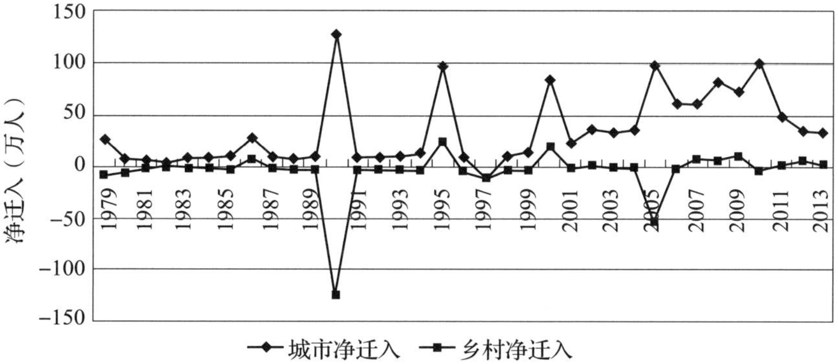

图 6—2　北京市城乡净迁入人口发展趋势

资料来源：北京市宏观经济与社会发展基础数据库相关数据计算得出。

低方案中，假定城市净迁入人口进一步下降，2015—2020年平均每年城市净迁入20万人，2021—2050年城市净迁入人口为15万人；2015—2050年北京市乡村每年净迁入人口为0人。北京作为全国的政治和文化中心，从当前发展水平来看，这种假设尤其是城市净迁入人口数量过低，不太可能实现，仅作为参照和警示方案。

中方案，更可能的一种情况是净迁入人口略微低于前十年的平均值，但随着时间的推移，降低幅度将进一步增大。因此，假定2015—2020年城市人口每年净迁入40万人，2021—2050年城市人口每年净迁入25万人，乡村人口每年净迁入为0。

高方案，2015—2020年保持前十年的平均值，假设北京市城市每年净迁入人口为50万人，而2021—2050年净迁入人口有所下降，为35万人；与此同时，2015—2050年北京市乡村每年净迁入人口为0。

表6—4　　　　　　　　北京市人口预测参数假设

	生育要素			死亡要素		迁移要素
	总和生育率	生育模式	出生性别比	预期寿命	死亡模式	净迁入
低方案	2015—2050年保持城市0.69、乡村0.72不变	保持2010年北京城乡分年龄生育率不变	城市由2015年的110.02线性递减到2030年的106.00，之后到2050年一直保持不变；乡村2015—2050年保持106.46不变	到2020年男性平均预期寿命将达到79.08岁，女性将达到83.07岁；到2050年，男性和女性平均预期寿命将进一步增加到81.48岁和85.47岁	城市和乡村均采取联合国生命表中的“一般”死亡模式保持不变	城市2015—2020年平均每年净迁入20万人，2021—2050年每年净迁入为15万人；乡村2015—2050年每年净迁入人口为0

续表

<table>
<tr><th rowspan="2"></th><th colspan="3">生育要素</th><th colspan="2">死亡要素</th><th>迁移要素</th></tr>
<tr><th>总和生育率</th><th>生育模式</th><th>出生性别比</th><th>预期寿命</th><th>死亡模式</th><th>净迁入</th></tr>
<tr><td>中方案</td><td>城市由2015年的0.69线性递增到2050年的1.09；乡村由2015年的0.72线性递增到2050年的1.33</td><td rowspan="2">保持2010年北京城乡分年龄生育率不变</td><td rowspan="2">城市由2015年的110.02线性递减到2030年的106.00，之后到2050年一直保持不变；乡村2015—2050年保持106.46不变</td><td rowspan="2">到2020年男性平均预期寿命将达到79.08岁，女性将达到83.07岁；到2050年，男性和女性平均预期寿命将进一步增加到81.48岁和85.47岁</td><td rowspan="2">城市和乡村均采取联合国生命表中的“一般”死亡模式保持不变</td><td>城市2015—2020年每年净迁入40万人，2021—2050年每年净迁入为25万人；乡村每年净迁入为0</td></tr>
<tr><td>高方案</td><td>城市由2015年的0.69线性递增到2050年的1.4；乡村由2015年的0.72线性递增到2050年的1.4</td><td>城市2015—2020年每年净迁入人口为50万人，2021—2050年每年净迁入为35万人；乡村2015—2050年北京市每年净迁入人口为0</td></tr>
</table>

第二节　2015—2050 年北京市总人口规模预测结果

一、总人口数量不断增加

表 6—5 和图 6—3 的预测结果表明，从 2015—2050 年整体趋势上来看，三种方案下的北京市总人口数量逐渐增加。其中，低方案下的北京市总人口经历了先增长后下降的过程，并在 2035 年达到了 2 303.4 万人（城市为 2 054.2 万人，乡村为 2 49.2 万人）的最高值。中方案和高方案都预计在 2015—2050 这 35 年间人口是不断上升的，不同的是前者的年平均增长率为 0.74%，而后者达到了 1.16%，并在 2035 年人口数量突破 3 000 万。

表 6—5　　2015—2050 年北京市城乡人口规模预测　　单位：万人

年份	低方案（TFR=0.69，0.72）			中方案（TFR=1.09，1.33）			高方案（TFR=1.4，1.4）		
	城市	乡村	总计	城市	乡村	总计	城市	乡村	总计
2015	1 816.1	277.5	2 093.5	1 918.0	277.5	2 195.4	1 968.9	277.5	2 246.4
2016	1 840.7	277.5	2 118.2	1 963.5	277.5	2 241.0	2 024.9	277.5	2 302.4
2017	1 864.4	277.4	2 141.8	2 008.5	277.4	2 285.9	2 080.6	277.5	2 358.0
2018	1 887.0	277.1	2 164.1	2 052.7	277.2	2 329.9	2 135.8	277.2	2 413.1
2019	1 908.5	276.6	2 185.1	2 096.1	276.8	2 373.0	2 190.4	276.9	2 467.3
2020	1 928.7	276.0	2 204.7	2 138.6	276.3	2 414.9	2 244.3	276.3	2 520.7
2021	1 947.9	275.1	2 223.0	2 180.1	275.6	2 455.7	2 297.5	275.6	2 573.1
2022	1 960.9	274.1	2 235.0	2 205.8	274.7	2 480.5	2 334.9	274.8	2 609.7
2023	1 972.8	273.0	2 245.8	2 230.4	273.7	2 504.1	2 371.5	273.8	2 645.3
2024	1 983.7	271.7	2 255.4	2 254.1	272.6	2 526.7	2 407.2	272.7	2 679.9
2025	1 993.8	270.2	2 264.0	2 276.8	271.3	2 548.2	2 442.2	271.5	2 713.6
2026	2 002.9	268.6	2 271.6	2 298.8	269.9	2 568.7	2 476.4	270.1	2 746.5
2027	2 011.3	266.9	2 278.2	2 319.9	268.4	2 588.3	2 510.0	268.6	2 778.6
2028	2 019.0	265.0	2 284.0	2 340.4	266.7	2 607.1	2 543.0	266.9	2 809.9
2029	2 025.9	263.1	2 289.0	2 360.1	265.0	2 625.1	2 575.4	265.2	2 840.5
2030	2 032.1	261.0	2 293.1	2 379.2	263.1	2 42.3	2 607.2	263.3	2 870.5
2031	2 037.8	258.8	2 296.6	2 397.6	261.1	2 658.8	2 638.6	261.4	2 900.0
2032	2 042.8	256.6	2 299.3	2 415.5	259.1	2 674.6	2 669.5	259.4	2 928.9
2033	2 047.2	254.2	2 301.4	2 432.9	257.0	2 689.	2 700.0	257.3	2 957.3
2034	2 051.0	251.7	2 302.7	2 449.7	254.8	2 704.4	2 730.0	255.1	2 985.2
2035	2 054.2	249.2	2 303.4	2 465.9	252.5	2 718.4	2 759.7	252.9	3 012.6
2036	2 056.8	246.5	2 303.3	2 481.6	250.1	2 731.8	2 789.0	250.5	3 039.5
2037	2 058.8	243.8	2 302.6	2 496.8	247.7	2 744.5	2 817.9	248.1	3 066.0
2038	2 060.1	240.9	2 301.0	2 511.4	245.1	2 756.5	2 846.3	245.6	3 091.9
2039	2 060.8	238.0	2 298.8	2 525.4	242.5	2 767.9	2 874.3	243.0	3 117.4
2040	2 060.8	234.9	2 295.7	2 538.7	239.8	2 778.6	2 901.9	240.4	3 142.3
2041	2 060.1	231.8	2 291.9	2 551.5	237.0	2 788.6	2 929.0	237.7	3 166.7
2042	2 058.7	228.6	2 287.3	2 563.7	234.2	2 797.9	2 955.7	234.8	3 190.5

续表

年份	低方案（TFR=0.69，0.72）			中方案（TFR=1.09，1.33）			高方案（TFR=1.4，1.4）		
	城市	乡村	总计	城市	乡村	总计	城市	乡村	总计
2043	2 056.6	225.3	2 281.9	2 575.2	231.2	2 806.4	2 981.9	231.9	3 213.9
2044	2 053.8	221.9	2 275.7	2 586.1	228.2	2 814.3	3 007.7	228.9	3 236.6
2045	2 050.3	218.4	2 268.6	2 596.2	225.1	2 821.3	3 032.9	225.9	3 258.8
2046	2 045.9	214.8	2 260.7	2 605.7	221.9	2 827.6	3 057.6	222.7	3 280.3
2047	2 040.9	211.1	2 252.0	2 614.4	218.6	2 833.1	3 081.7	219.5	3 301.2
2048	2 035.0	207.4	2 242.4	2 622.5	215.3	2 837.8	3 105.3	216.2	3 321.5
2049	2 028.5	203.6	2 232.0	2 629.8	211.9	2 841.7	3 128.4	212.9	3 341.2
2050	2 021.2	199.7	2 220.9	2 636.4	208.4	2 844.8	3 150.9	209.4	3 360.3

注：表格中不同方案下的 TFR 均表示 2050 年的总和生育率，逗号前的表示城市，逗号后的表示乡村。

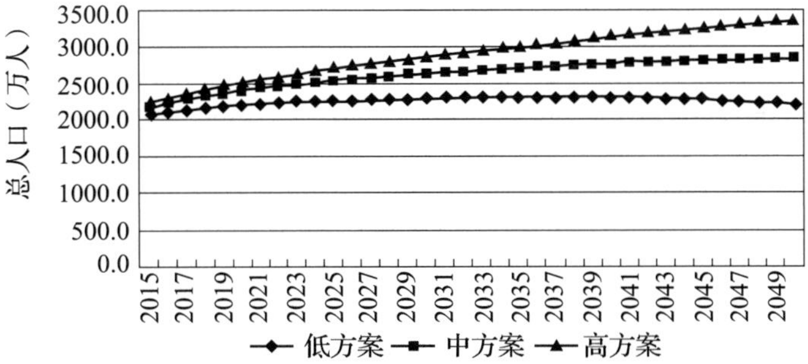

图 6—3　三种方案下北京市 2015—2050 年人口发展趋势

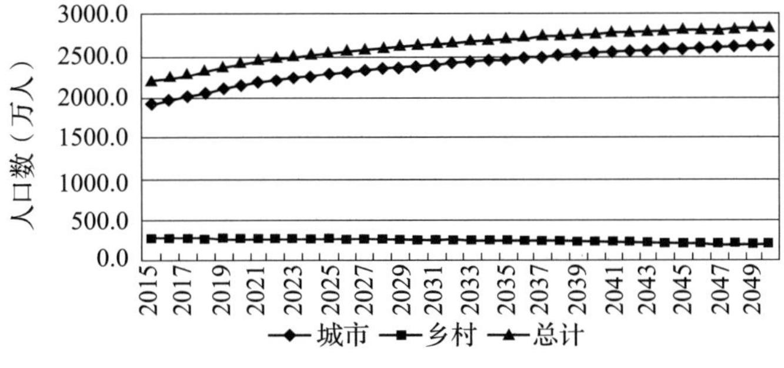

图 6—4　中方案下 2015—2050 年北京市城乡人口规模发展趋势

单就中方案而言，北京市总人口从2015—2050年是呈稳定增长趋势的，从近期来看，预计到2020年北京市人口将会达到2 414.9万人（城市为2 138.6万人，乡村为276.3万人）；而从长期来看，预计到2050年总人口将会达到2 844.8万人（城市为2 636.4万人，乡村为208.4万人）。城市人口数量与总人口保持一致的发展趋势，可以说总人口的增加主要得益于城市人口数量的增长。而乡村人口呈现缓慢下降趋势。虽然自新中国成立以来，北京市政府便确立了控制人口规模的整体方向，但受国家整体城市化趋势的影响，很难采取措施来严格限制人口的自由流动。尤其在现有体制下，北京市集中了大量的优质资源，因此短期内仍会有外来人口不断涌入北京，所以，从总体上看人口是不断增加的。尤其是2015—2020年，北京市总人口将保持现有的趋势加速增长，预计年均增长率将达到1.92%；2020—2050年随着"限制特大城市人口规模"措施的进一步贯彻落实，以及全国范围内中小城市的均衡发展，这一时期的人口增长速度将有所减缓，预计年均增长率将降低到0.55%。

二、城市人口数量不断增长，乡村人口数量不断减少

北京市总人口数量的增加主要得益于城市人口不断增长，从表6—5中的具体数据可以看出，在三种方案下，城市人口和总人口都保持着同样的上升趋势，而乡村人口则不断减少。其中，在低方案下，2015—2050年城市的人口由1 816.1万人上升到2 021.2万人，年均增长率为0.31%，同时期乡村人口由277.5万人下降到199.7万人，年均增长率为–0.94%；在中方案下，2015—2050年城市的人口由1 918.0万人上升到2 636.4万人，年均增长率为0.91%，同时期乡村人口由277.5万人下降到208.4万人，年均增长率为–0.82%；在高方案下，2015—2050年城市的人口由1 968.9万人上升到3 150.9万人，年均增长率为1.35%，同时期乡村人口由277.5万人下降到209.4万人，年均增长率为–0.81%。

一方面，随着北京市城市化进程的加深，越来越多的乡村人口转变为城

市人口，直接导致城市人口数量增长和乡村人口数量减少现象同时出现。另一方面，与乡村地区相比，城市地区的各种基础设施都更加完善、经济发展水平高、就业机会充足，尤其对外来人口的吸引力较强。因此，未来城市人口不断增长、乡村人口不断减少的预测结果也是符合实际情况的。

第三节　北京市城市劳动年龄人口规模和结构预测结果

劳动年龄人口主要包括经济活动人口和非经济活动人口两部分，其中经济活动人口又分为就业人口和失业人口。有关劳动年龄人口的统计口径比较多样化，国际劳动组织主要指 16 岁及以上的人口，联合国人口基金会指的是 15 ~ 64 岁的人口。同时,《中国统计年鉴》对“经济活动人口”进行了明确的定义，指“在 16 周岁及以上，有劳动能力，参加或要求参加社会经济活动的人口”。因此，受可获得数据特征和现实情况的影响，本文将劳动年龄人口界定为 16 ~ 64 岁人口。并且，从北京市整体来看，16 岁以下和 65 岁及以上人口中参与劳动的数量较少，因此不会对劳动力供给的历史状况呈现和未来趋势预测产生太大影响。

一、低、中、高方案下，分别预计城市劳动年龄人口在 2025 年、2035 年和 2040 年之后开始下降

由表 6—6 和图 6—5 的预测结果可以看出，三种方案下的北京市城市劳动年龄人口都经历了先上升后下降的过程。其中，低、中、高方案分别预计在 2025 年、2035 年和 2040 年达到最高值，之后劳动年龄人口数量将不断减少。

表 6—6　　2015—2050 年北京市城市劳动年龄人口规模预测　　单位：万人

年份	低方案（TFR=0.69）	中方案（TFR=1.09）	高方案（TFR=1.4）
2015	1 452.3	1 542.9	1 588.1
2016	1 459.2	1 567.7	1 622.0

续表

年份	低方案（TFR=0.69）	中方案（TFR=1.09）	高方案（TFR=1.4）
2017	1 464.9	1 591.4	1 654.6
2018	1 468.9	1 613.3	1 685.5
2019	1 472.5	1 634.7	1 715.8
2020	1 476.2	1 656.2	1 746.2
2021	1 481.0	1 678.8	1 777.8
2022	1 481.9	1 688.6	1 796.4
2023	1 483.0	1 698.5	1 815.2
2024	1 484.1	1 708.4	1 834.0
2025	1 485.1	1 718.3	1 852.8
2026	1 485.1	1 727.1	1 870.4
2027	1 483.9	1 734.5	1 886.6
2028	1 481.9	1 741.0	1 901.8
2029	1 479.8	1 747.3	1 916.8
2030	1 477.2	1 753.2	1 931.4
2031	1 474.8	1 759.1	1 945.9
2032	1 471.6	1 764.1	1 959.5
2033	1 467.4	1 768.2	1 972.3
2034	1 461.8	1 771.0	1 983.8
2035	1 454.8	1 772.1	1 993.8
2036	1 446.1	1 771.6	2 002.1
2037	1 435.9	1 769.5	2 008.8
2038	1 424.2	1 765.8	2 014.1
2039	1 411.2	1 760.5	2 017.6
2040	1 396.7	1 753.7	2 019.5
2041	1 381.5	1 745.8	2 020.4
2042	1 365.1	1 736.5	2 019.7
2043	1 347.4	1 725.6	2 017.4
2044	1 327.3	1 712.1	2 012.4
2045	1 305.0	1 696.0	2 004.6
2046	1 278.8	1 675.6	1 992.4
2047	1 249.9	1 652.1	1 976.9
2048	1 218.4	1 625.7	1 958.3
2049	1 185.8	1 597.8	1 938.2
2050	1 152.2	1 568.6	1 916.6

注：表格中不同方案下的 TFR 均表示假设的 2050 年的城市总和生育率。

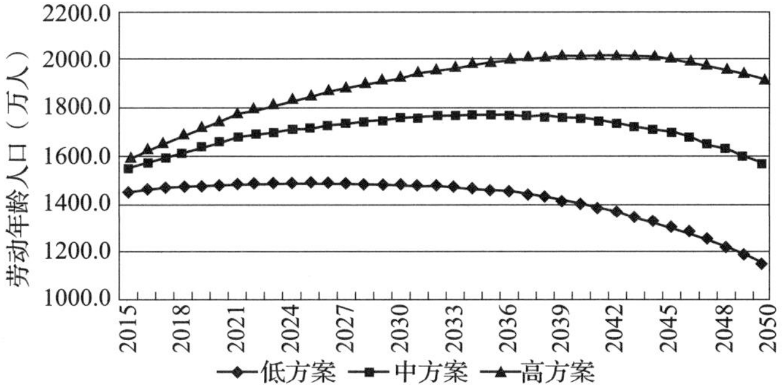

图 6—5　2015—2050 年北京市城市劳动年龄人口发展趋势

具体来看，在 TFR=0.69 的低方案条件假设下，预计北京市城市劳动力先由 2015 年的 1 452.3 万人增加到 2025 年的 1 485.1 万人，年均增长率为 0.22%，之后再减少到 2050 年的 1 152.2 万人，年均增长率为 –1.02%，从总体趋势上来看，劳动年龄人口数量是下降的；在 TFR=1.09 的中方案条件假设下，北京市劳动年龄人口同样经历了先上升后下降的过程。首先以 0.69% 的年均增长率使得劳动年龄人口由 2015 年的 1 542.9 万人增加到 2035 年的 1 772 万人，接着再以 –0.82% 的年均增长率使得劳动年龄人口减少到 2050 年的 1 568.6 万人，但从总体趋势上来看，2015—2050 年北京市城市劳动年龄人口略有增加；在 TFR=1.4 的高方案条件假设下，同前两种方案的预测趋势一样，先增长后下降，但峰值进一步向后推移，预计在 2040 年达到峰值 2 019.5 万人。2015—2040 年的年均增长率为 0.97%，2040—2050 年的年均增长率为 –0.52%，同中方案一样，2015—2050 年这 35 年间北京市城市劳动年龄人口规模整体有所增长。

单就中方案而言，在低生育率水平的条件下，北京市 2035 年之前劳动力的增长主要是受外来人口流入的影响。虽然自新中国成立以来，北京市政府便确立了控制人口规模的整体方向，但受国家整体城市化趋势的影响，很难采取措施来严格限制人口的自由流动。尤其在现有体制下，北京市集中了大量的优质资源，因此短期内仍会有外来人口不断涌入北京。2035—2050 年随着“限制特大城市人口规模”措施的进一步贯彻落实，以及全国范围内中小城市的均衡发展，这一时期的劳动年龄人口数量将逐渐下降。

二、2015 年以后劳动年龄人口占总人口比重将迅速下降

从劳动年龄人口占总人口的比例看，2015—2050 年同样呈下降趋势，如图 6—6 所示。首先，按照 TFR=0.69 的预测方案，劳动年龄人口占总人口的比重将由 2015 年的 79.97% 下降到 2050 年的 57.00%，下降了近 23 个百分点；按照 TFR=1.09 的预测方案，则下降了近 21 个百分点，由 2015 年的 80.44% 下降到 2050 年的 59.50%；按照 TFR=1.4 的预测方案，劳动年龄人口占总人口的比重与前两种方案相差不大，由 2015 年的 80.66% 下降到 2050 年的 60.83%，下降了近 20 个百分点。具体数据如表 6—7 所示。

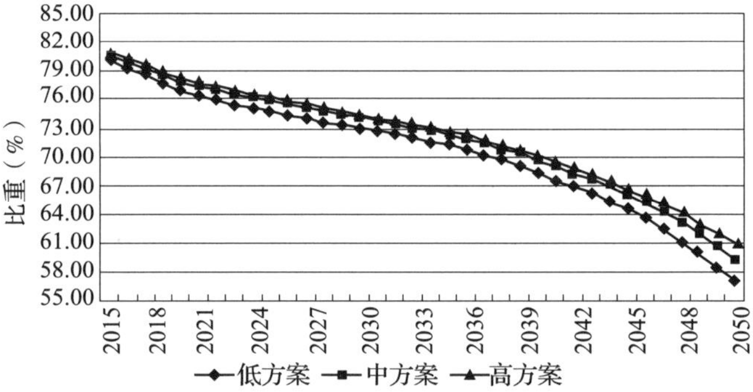

图 6—6　2015—2050 年劳动年龄人口占总人口比重变化

表 6—7　　2015—2050 年劳动年龄人口占总人口比重　　单位：%

年份	低方案（TFR=0.69）	中方案（TFR=1.09）	高方案（TFR=1.4）
2015	79.97	80.44	80.66
2016	79.27	79.84	80.10
2017	78.57	79.23	79.53
2018	77.84	78.59	78.91
2019	77.15	77.99	78.33
2020	76.53	77.44	77.81
2021	76.03	77.01	77.38
2022	75.57	76.55	76.93

续表

年份	低方案（TFR=0.69）	中方案（TFR=1.09）	高方案（TFR=1.4）
2023	75.17	76.15	76.54
2024	74.81	75.79	76.19
2025	74.49	75.47	75.86
2026	74.15	75.13	75.53
2027	73.78	74.76	75.16
2028	73.40	74.39	74.79
2029	73.04	74.04	74.43
2030	72.69	73.69	74.08
2031	72.37	73.37	73.75
2032	72.04	73.03	73.40
2033	71.68	72.68	73.05
2034	71.27	72.29	72.67
2035	70.82	71.86	72.25
2036	70.31	71.39	71.79
2037	69.74	70.87	71.29
2038	69.13	70.31	70.76
2039	68.48	69.71	70.19
2040	67.78	69.08	69.59
2041	67.06	68.42	68.98
2042	66.31	67.73	68.33
2043	65.51	67.01	67.65
2044	64.63	66.21	66.91
2045	63.65	65.33	66.10
2046	62.50	64.31	65.16
2047	61.24	63.19	64.15
2048	59.87	61.99	63.06
2049	58.46	60.76	61.96
2050	57.00	59.50	60.83

三、劳动年龄人口内部结构将逐渐老化

从城市劳动年龄人口内部结构来看，我们将其分为 16 ~ 24 岁、25 ~ 54 岁和 55 ~ 64 岁三个年龄段，这种划分主要考虑到了受教育年限、退休年龄、便于国际对比等因素，分别称为年轻劳动年龄人口、中青年劳动年龄人口和中老年劳动年龄人口，其中 25 ~ 54 岁是首要劳动力人口。

（一）低方案，即 TFR=0.69 的预测结果

首先看 16 ~ 24 岁年轻劳动年龄人口变化趋势。由图 6—7 的预测结果可以看出，2015—2050 年间 16 ~ 24 岁年轻劳动年龄人口的供给波动较大，呈倒"N"型的发展趋势。具体来看，2015—2020 年间从 140.4 万人减少到 95.9 万人，年均增长率为 –7.9%；之后到 2033 年增长到 147.9 万人的峰值，年均增长率为 3.4%；但是 2033 年到 2050 年又重新保持了先前的下降趋势，减少了 56 万人左右，年均增长率为 –2.8%。

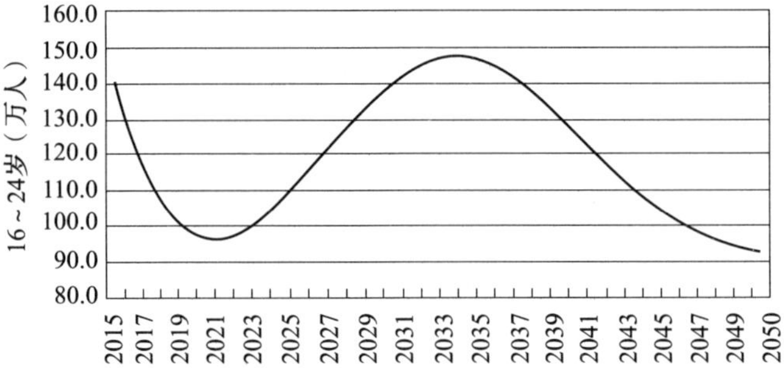

图 6—7　2015—2050 年 16 ~ 24 岁年轻劳动年龄人口变化趋势

再来看 25 ~ 54 岁人口数变化趋势。根据预测，中青年劳动力呈现出明显的下降趋势，从 2015 年的 1 099.1 万人缩减到 2050 年的 630.8 万人。具体来看，在 2015—2019 年 25 ~ 54 岁中青年劳动年龄人口稍微有所上升，增加了 30.5 万人，但这种小幅上升现象不能扭转中青年劳动年龄人口整体下降趋势，从 2019 ~ 2050 年，以 –1.9% 的年均增长率下降，减少了将近一半，详见图 6—8。这一年龄人口作为首要劳动力，这种大幅度的下降将有可能造成整个市场的劳动力短缺，影响经济的持续发展。

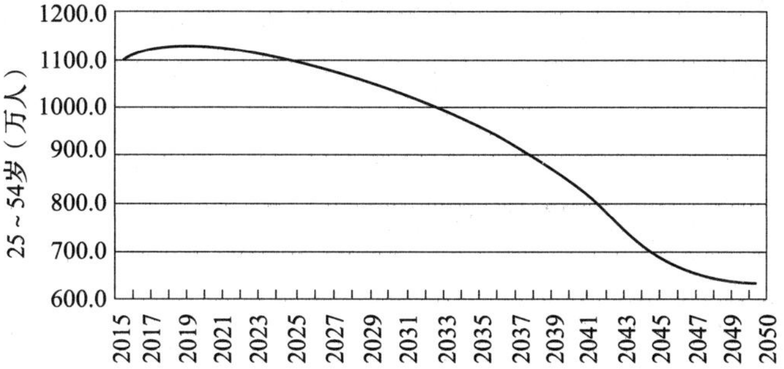

图 6—8　2015—2050 年 25 ～ 54 岁中青年劳动年龄人口变化趋势

与 25 ～ 54 岁中青年劳动年龄人口下降的趋势相反，55 ～ 64 岁中老年劳动年龄人口规模保持着快速上升的势头，但从 2045 年以后开始有所下降。具体来看，2015—2045 年，55—64 岁中老年劳动年龄人口以 3.1% 的年均增长率快速递增，30 年间翻了一番。但 2045 年以后，又呈现出快速下降的趋势，5 年间减少了近 100 万人，年均增长率为 -4.1%，具体如图 6—9 所示。

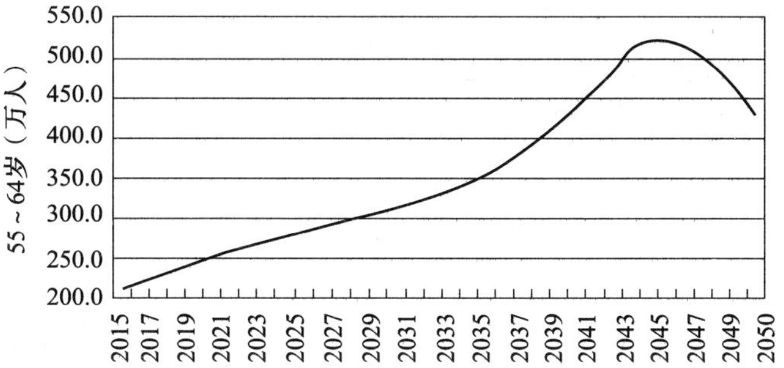

图 6—9　2015—2050 年 55 ～ 64 岁中老年劳动年龄人口变化趋势

图 6—10 清晰地表明了劳动年龄人口内部的年龄结构变动情况。可以看出，16 ～ 24 岁年轻劳动年龄人口占总劳动年龄人口的比重较为稳定，基本保持在 10% 左右。而 25 ～ 54 岁中青年劳动年龄人口和 55 ～ 64 岁中老年劳动年龄人口比重则变化较大。以 2045 年为分界点，2015—2045 年，中青年劳动年龄人口比重由 75.68% 下降到 51.89%，下降了近 24 个百分点。然而这一时期的中老年劳动年龄人口比重是持续上升的，由 14.65% 上升到 40.25%，增加了近 2 倍。2045—2050 年间，中青年劳动年龄人口比重呈现出小幅回升趋

势，5年内增长了近3个百分点，基本保持平缓。但这一时期的中老年劳动年龄人口呈现出相反的下降趋势，同样下降近3个百分点。

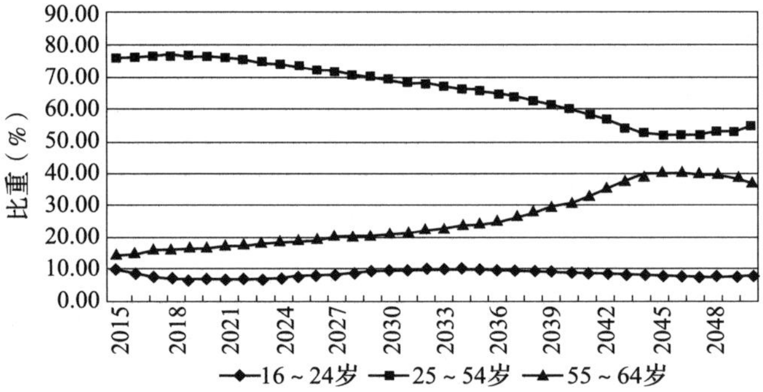

图6—10　2015—2050劳动年龄人口内部年龄结构变化趋势

（二）中方案，即TFR=1.09的预测结果

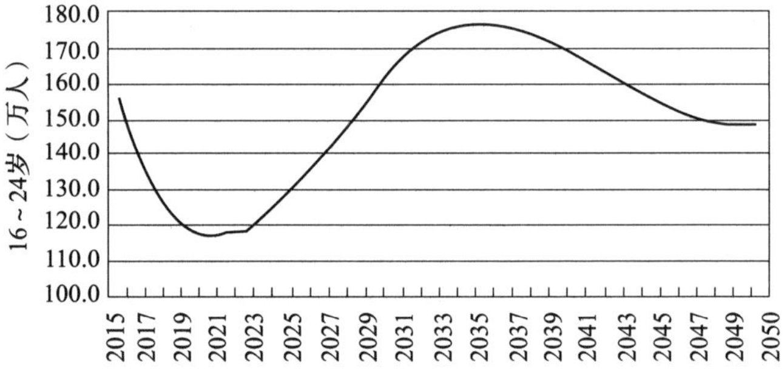

图6—11　2015—2050年16～24岁年轻劳动年龄人口变化趋势

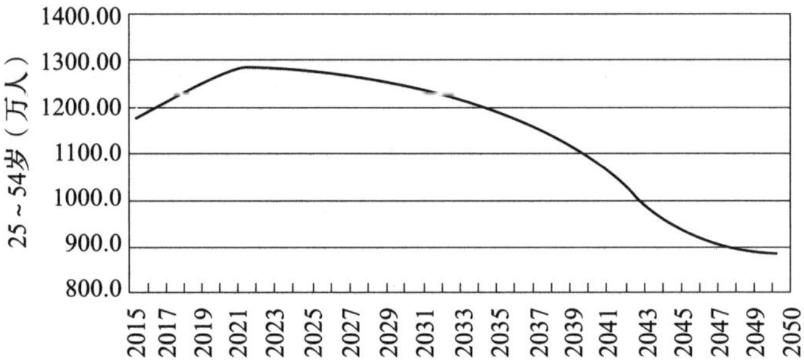

图6—12　2015—2050年25～54岁中青年劳动年龄人口变化趋势

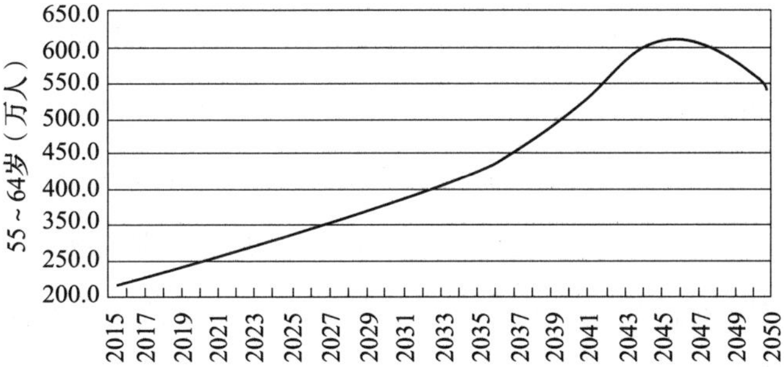

图 6—13　2015—2050 年 55 ～ 64 岁中老年劳动年龄人口变化趋势

中方案同低方案一样，16 ～ 24 岁和 25 ～ 54 岁中青年劳动年龄人口比重不断下降，而 55 ～ 64 岁老年劳动年龄人口比重逐年递增，劳动年龄人口内部结构呈现老化趋势，如图 6—14 所示。

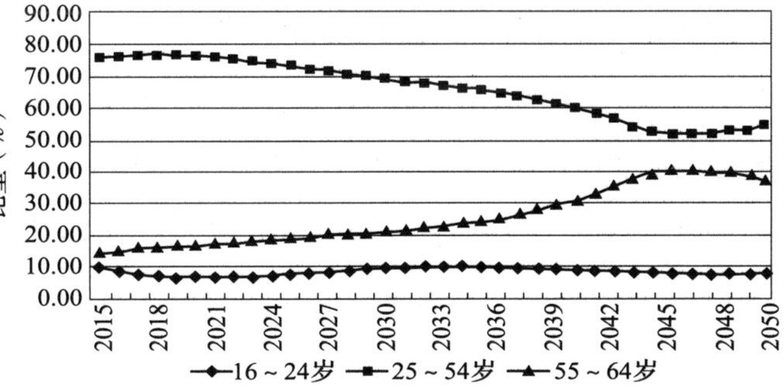

图 6—14　2015—2050 劳动年龄人口内部年龄结构变化趋势

16 ～ 24 岁人口数量在 2020 年降到 116.8 万人的最低值，平稳上升后又逐渐下降，预计到 2050 年达到 148.2 万人；占劳动年龄人口的比重也呈现出类似于拉长的“S”形发展趋势。针对 25 ～ 54 岁这部分首要劳动力人口，其未来发展呈现“倒 U 形”趋势。主要分为两个阶段，第一阶段是 2015—2022 年，这一时期人口数量不断上升，到 2022 年达到最高值 1 289.5 万人；第二阶段是 2022—2050 年，这一时期人口数量不断下降，预计到 2050 年只有 884.3 万人，年均增长率为 -1.4%。在首要劳动力人口下降期间，要特别注意劳动力供不应求、养老保障以及如何提高劳动力利用效率等问题。从历史数据上来看，55 ~ 64 岁这一年龄段城市人口数量起初是小于 16 ~ 24 岁人口数的，在 2014 年左右首次超过后者，并在数量上与后者之间的距离逐渐拉大。随着延迟退休年龄政策的推行，55 ~ 64 岁这部分人群占劳动年龄人口的比重将逐步增大，这实际上体现出了劳动年龄人口内部结构老化的问题，有可能会影响到社会整体生产效率的提高。因此，要充分挖掘老龄劳动力的社会生产价值，在利用他们所积累的丰富经验的同时，也要加强他们的新技术培训，以更加适应现代社会的需要。

（三）高方案，即 TFR=1.4 的预测结果

受之前生育参数假设的影响，高方案的预测结果与低方案和中方案相比有一定的差异性。根据预测结果，16 ~ 24 岁年轻劳动年龄人口的供给总体上虽然也是呈现先下降后回升再下降的 S 形曲线，但与低、中两种方案相比，总体的下降幅度较小。整体来看，预测到 2050 年的共 35 年间，劳动力规模是提升的，相比于 2015 年的 163.1 万人，提升了近 23%，年平均增长率是 1%。分阶段来看，从 2015 年到 2020 年首先降低，从 163.1 万人下降到 127.3 万人，年减少 7.2 万人，年平均增长率为 –5%。随后开始回升，于 2038 年升到峰值，约 203.4 万人。此后开始小幅的下降，2038 年到 2050 年，年均增长率为 –0.11%。详见图 6—15。

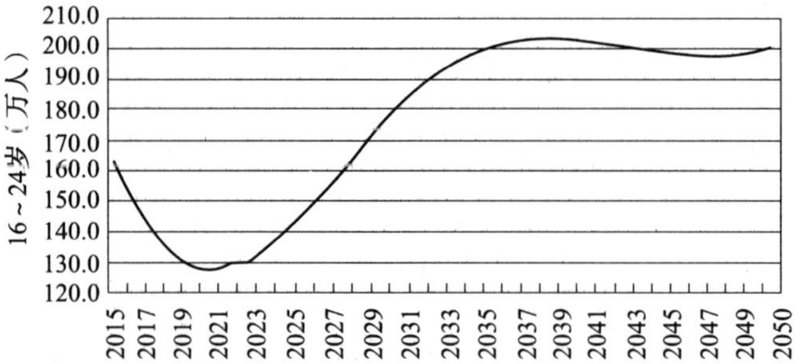

图 6—15　2015—2050 年 16 ~ 24 岁年轻劳动年龄人口变化趋势

在 TFR=1.4 的参数假设下，根据预测，25 ~ 54 岁中青年劳动力也呈现出明显的先上升后回落的趋势。从 2015—2026 年，该年龄段的劳动力规模一

直在上升，年均增长率为 1.3%。之后的 10 年间，劳动力规模变化平缓，年均增长率保持在 0.2% 左右。从 2036 年开始，劳动力规模呈现明显的下降趋势，到 2048 年，年均增长率为 1.5%，之后又保持平缓增长。总体来看，方案 3 的 25 ~ 44 岁中青年劳动力下降的幅度相比于之前的两个预测方案要小。详见图 6—16。

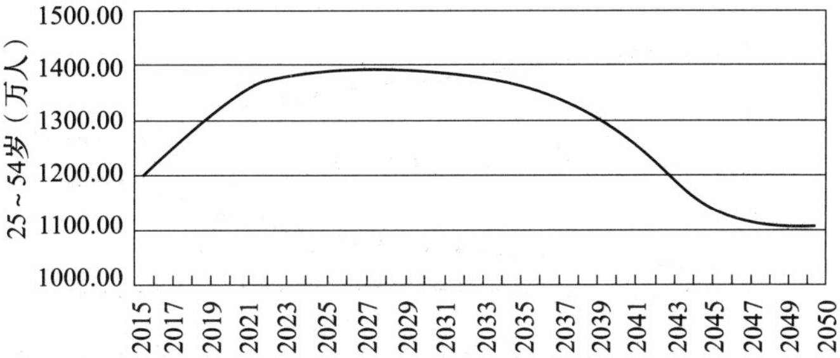

图 6—16　2015—2050 年 25 ~ 54 岁中青年劳动年龄人口变化趋势

在高方案的预测下，55 ~ 64 岁中老年劳动力规模总体呈现明显的上升趋势，从 2015 的 230.7 万一直上升到 2045 年的 673.3 万，30 年间增加了 440 多万人口，年均增长率为 4%，随后开始有所回落。详见图 6—17。

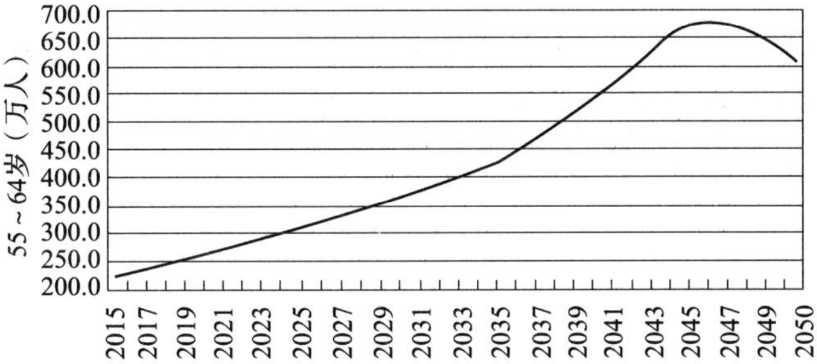

图 6—17　2015—2050 年 55 ~ 64 岁中老年劳动年龄人口变化趋势

图 6—18 清晰地表明了在 TFR=1.4 的预测方案下，劳动年龄人口内部的年龄结构变动情况。同方案 1 和方案 2 一样，从 2015—2050 年整体趋势来看，16 ~ 24 岁年轻劳动力总体变化平稳，而 25 ~ 54 岁中青年劳动力占总劳动年龄人口的比重总体呈下降趋。其中，15 ~ 24 岁年轻劳动力比例在 35

年期间，变化幅度非常小，年均增长率约为 0.1%；预计到 2050 年，比重为 10.47%。而 25 ~ 44 岁中青年劳动力比例预计将由 2015 年的 75.85% 降低到 2050 年的 57.85%，年平均增长率为 −0.8%；与此相反，45 ~ 64 岁中老年劳动力比重不断上升，由 2015 年的 13.88% 提高到 2050 年的 31.68%，年平均增长率为 2.4%。

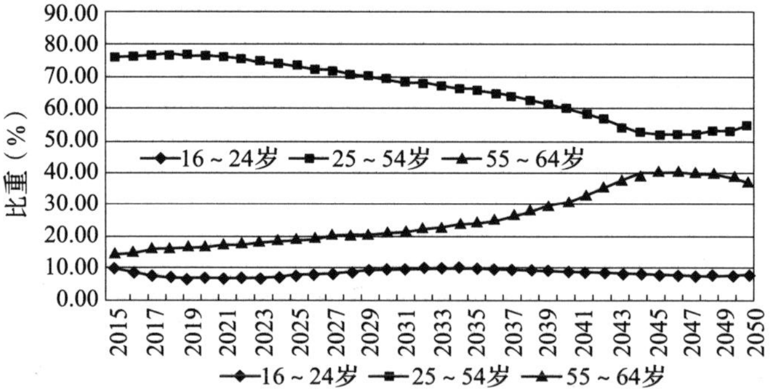

图 6—18　2015—2050 劳动年龄人口内部年龄结构变化趋势

通过对北京市 2015—2050 年城市劳动力供给预测，主要发现低、中、高方案下分别预计北京市城市劳动年龄人口在 2025 年、2035 年和 2040 年之后开始下降。其中，就中方案而言，16 ~ 24 岁和 25 ~ 54 岁中青年劳动年龄人口比重不断下降，而 55 ~ 64 岁老年劳动年龄人口比重逐年递增，表明劳动年龄人口内部结构呈现老化趋势。

第七章

2015—2050 年北京市劳动力供给需求预测及矛盾分析

第一节　相关研究回顾

北京作为中国的首都，其特有的丰富的文化底蕴、就业机会和公共资源等吸引着大量的外来人口涌入。截止到 2013 年，北京市常住外来人口达到 802.7 万人，约占总人口的 38.0%。近年来，北京市经济得到了快速地发展，在这一历史机遇下，一方面创造了大量的就业岗位，另一方面也带来了日益严重的就业压力和失业问题。这其中，劳动力供给和需求在数量和结构上的不匹配是主要原因（童玉芬、齐晓娟，2008）。然而，到目前为止，北京市未来劳动力供需矛盾状况还缺乏系统性的预测和分析。

劳动力需求实际上是经济发展的产物，特别是在市场经济的作用下，经济发展规模和发展方式对劳动力需求有着直接的影响。因此，相关的预测方法主要有劳动生产率法、就业弹性预测法、产业结构模型法，经济总量和结构结合法等（齐明珠，2010；袁明智、武俊奎，2012）。北京市劳动力供给和需求状况并不是独立的，它们之间的耦合程度将会影响到经济社会发展的各方面。一旦劳动力市场出现严重的“供不应求”或“供大于求”的现象，都必然会对社会和谐稳定和经济的可持续发展带来冲击。王文录（2008）通过对历史数据进行分析后指出，2004年以后，北京劳动力市场显示出“供不应求”的局面，许多行业都遭遇到“用工难”的问题，然而从劳动力需求结构的角度来看，仍有许多行业是“供过于求”的。有学者进一步的预计，到2020年，受流入地劳动年龄人口规模和人口结构的变化影响，北京市劳动力市场将会遭遇“总量荒”和“结构荒”的双重困境（尹德挺、张洪玉等，2014）。

已有的研究更多地侧重于历史数据的分析，虽然有相应的北京市未来劳动力供需预测，但没有对二者之间的矛盾进行系统性分析。为了促进北京市人口、就业和经济三者更加协调地发展，需要弄清楚北京市未来劳动力供给和需求状况到底如何？它们之间是否存在矛盾？如果有，这些矛盾的特点和产生原因是什么？未来该如何应对？因此，本章节在北京市经济发展历史规律和未来可能的动态变化的基础上，采用经济预测等多种预测方法分别对北京市2015—2050年劳动力需求状况进行中长期展望，通过与劳动力供给的对比，找出并分析它们之间存在的主要矛盾，从而对未来劳动力市场状况做出形势预判，以期为相关政策的制定提供依据和预警。

第二节　劳动参与率回顾及预测假设

一、城市劳动参与率发展趋势

假定一定范围内劳动年龄人口规模和人口结构保持相对稳定，社会生产活动中劳动力的规模主要由年龄组劳动参与率模式所决定（王金营、蔺丽莉，2006）。因此，为了较为准确地预测北京市未来劳动参与率状况，我们需要根据社会发展趋势和相关政策要求对各年龄组劳动参与率进行判断和预测。

由北京市第五、六次人口普查数据可得到表7—1，从中可以看出，2000—2010年北京市劳动年龄人口各年龄段的经济活动人口和总人口数量都增加了，但总的劳动参与率在下降，由2000年的72.04%降低到了2010年的

67.78%。特别是25～54岁组的劳动参与率下降了四个百分点左右，55～64岁组下降了两个百分点左右。

表7—1　　北京市五普、六普劳动年龄人口各年龄组劳动参与状况对比

单位：人，%

年龄	五普			六普		
	人口数	经济活动人口	劳动参与率	人口数	经济活动人口	劳动参与率
16～24	217 775	119 189	54.73	317 047	175 020	55.20
25～54	678 148	575 281	84.83	985 736	793 827	80.53
55～64	106 786	27 872	26.10	196 139	47 188	24.06
总计	1 002 709	722 342	72.04	1 498 922	1 01 6035	67.78

资料来源：北京市第五、六次人口普查数据。

具体到北京市城市劳动参与率，根据2010年北京市第六次人口普查数据可计算得出表7—2。总的劳动年龄人口劳动参与率为66.97%，其中，16～24岁、25～54岁和55～64岁年龄组的劳动参与率分别为54.40%、80.04%和19.56%。25～54岁劳动力为市场经济主要参与者，其中，在以5岁为一组的劳动力中，25～44岁每一年龄组的劳动参与率均在85%以上，30～34岁的劳动参与率最高，在87.16%的水平；45～49岁和50～54岁劳动参与率分别为75.57%和51.16%。

表7—2　　2010年北京市城市劳动参与率　　单位：人，%

年龄	总人口	经济活动人口	劳动参与率
16～24	272 682	148 348	54.40
25～54	852 067	681 983	80.04
55～64	162 632	31 807	19.56
总计	1 287 381	862 138	66.97

资料来源：由北京市第六次人口普查数据计算得出。

二、未来劳动参与率状况预测

下面根据发达国家的经验以及相关研究成果（齐明珠，2010），分年龄段对劳动参与率进行假定。首先，针对 16 ~ 24 岁年龄组的劳动参与率，与发达国家相比，北京青少年的受教育水平依然不高，因此随着今后受教育年限的延长，预计 16 ~ 24 岁年龄组的劳动参与率将不断下降，具体体现在 2020 年之前下降比较快，到 2020 年这一年龄组的劳动参与率将下降到 45%，2020 年之后匀速下降，到 2050 年降到 40%。其次，25 ~ 54 岁年龄组人口为市场劳动力供给主体，与发达国家相比，早在 2005 年“欧元区”相应人群的平均劳动参与率就已达到 83.7%，芬兰更是达到了 88% 左右的较高水平，且整体有进一步上升的趋势（Angela Maddaloni 等，2006）。随着延迟退休政策的推行和提前退休现象的缓解，主要劳动年龄人口的劳动参与率有进一步提升的空间。因此，假设 25 ~ 54 岁的劳动参与率到 2020 年提升到 83.7%，到 2050 年提高到 88%。最后，随着渐进式延长退休年龄政策的推行，55 ~ 64 岁年龄组劳动参与率将逐渐提高，假定这一群体的劳动参与率到 2050 年提高到 30% 的水平。依据这一方案得出的北京市城市劳动年龄人口劳动参与率预测结果如表 7—3 和图 7—1 所示。总的来看，16 ~ 24 岁的劳动参与率是不断下降的，25 ~ 54 岁和 55 ~ 64 岁的年龄段劳动年龄人口的劳动参与率是不断上升的。

表 7—3　2015—2050 年北京市城市劳动年龄人口劳动参与率预测　单位：%

年份	16 ~ 24岁	25 ~ 54岁	55 ~ 64岁
2015	49.70	81.87	20.87
2016	48.76	82.24	21.13
2017	47.82	82.60	21.39
2018	46.88	82.97	21.65
2019	45.94	83.33	21.91
2020	45.00	83.70	22.17
2021	44.83	83.84	22.43
2022	44.67	83.99	22.69
2023	44.50	84.13	22.95

续表

年份	16~24岁	25~54岁	55~64岁
2024	44.33	84.27	23.21
2025	44.17	84.42	23.48
2026	44.00	84.56	23.74
2027	43.83	84.70	24.00
2028	43.67	84.85	24.26
2029	43.50	84.99	24.52
2030	43.33	85.13	24.78
2031	43.17	85.28	25.04
2032	43.00	85.42	25.30
2033	42.83	85.56	25.56
2034	42.67	85.71	25.82
2035	42.50	85.85	26.09
2036	42.33	85.99	26.35
2037	42.17	86.14	26.61
2038	42.00	86.28	26.87
2039	41.83	86.42	27.13
2040	41.67	86.57	27.39
2041	41.50	86.71	27.65
2042	41.33	86.85	27.91
2043	41.17	87.00	28.17
2044	41.00	87.14	28.43
2045	40.83	87.28	28.70
2046	40.67	87.43	28.96
2047	40.50	87.57	29.22
2048	40.33	87.71	29.48
2049	40.17	87.86	29.74
2050	40.00	88.00	30.00

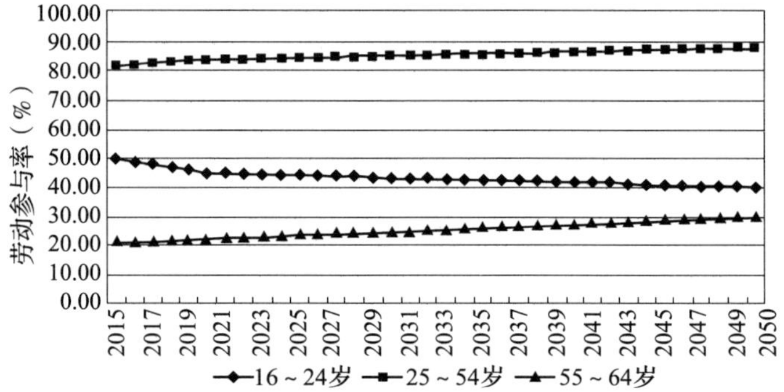

图 7—1　2015—2050 年劳动参与率趋势预测

第三节　劳动力供给规模与结构预测

由以上城市劳动年龄人口数量和劳动参与率的预测，可得到表 7—4 的 2015—2050 年城市劳动力供给，这一部分年龄段人口是未来北京市社会经济发展的主要劳作者和贡献者。从数量上看，到 2030 年 16 ～ 64 岁劳动年龄人口将达到 1 214.6 万人的最高值，2050 年为 998.3 万人。其中，受人均教育水平提高的影响，16 ～ 24 岁劳动参与比例是不断降低的；而 25 ～ 54 岁和 55 ～ 64 岁参与劳动的人群占总的劳动年龄人口的比重都是先上升后下降，前者的拐点出现在 2020 年，而后者是在 2045 年。受延迟退休政策和预期寿命延长的影响，55 ～ 64 岁老年劳动力上升趋势较为明显。预计 35 年内增加 115.3 万人左右，即从 2015 年的 45.5 万人增加到 2050 年的 160.8 万人，上升了 253 个百分点。

表 7—4　　　　2015—2050 年北京市城市劳动力供给预测　　　　单位：万人

年份	16～24岁			25～54岁			55～64岁			16～64岁		
	低	中	高	低	中	高	低	中	高	低	中	高
2015	70	77	81	900	957	986	44	45	46	1 014	1 080	1 113
2016	61	69	73	916	986	1 022	47	48	49	1 023	1 103	1 143
2017	54	62	66	928	1 011	1 053	49	51	51	1 030	1 124	1 171
2018	49	58	62	936	1 033	1 081	51	53	54	1 036	1 144	1 197

续表

年份	16～24岁			25～54岁			55～64岁			16～64岁		
	低	中	高	低	中	高	低	中	高	低	中	高
2019	45	54	59	941	1 052	1 107	54	56	57	1 040	1 162	1 223
2020	43	53	57	945	1 068	1 130	56	58	60	1 044	1 179	1 247
2021	43	53	58	944	1 080	1 148	58	61	62	1 045	1 194	1 269
2022	44	53	58	939	1 083	1 157	60	64	65	1 043	1 200	1 281
2023	45	54	60	933	1 083	1 164	63	66	68	1 041	1 204	1 292
2024	47	56	62	926	1 083	1 169	65	69	71	1 038	1 208	1 302
2025	50	58	64	918	1 081	1 173	67	72	74	1 035	1 211	1 312
2026	52	61	67	910	1 078	1 176	69	75	78	1 031	1 213	1 321
2027	54	63	70	901	1 074	1 178	71	77	81	1 026	1 215	1 329
2028	57	66	73	891	1 069	1 178	73	80	84	1 021	1 215	1 335
2029	59	68	76	881	1 064	1 178	75	83	87	1 016	1 215	1 342
2030	61	71	79	871	1 058	1 178	78	86	91	1 010	1 215	1 347
2031	62	73	81	862	1 052	1 177	80	89	95	1 004	1 214	1 353
2032	63	74	82	852	1 046	1 177	83	93	99	998	1 213	1 358
2033	63	75	84	843	1 040	1 176	86	97	103	992	1 212	1 362
2034	63	75	85	832	1 033	1 173	89	101	108	984	1 209	1 365
2035	62	75	85	820	1 023	1 168	92	105	113	974	1 204	1 366
2036	61	75	86	804	1 010	1 159	97	111	119	962	1 196	1 364
2037	59	74	86	786	995	1 148	102	117	126	947	1 185	1 359
2038	57	73	85	766	976	1 134	108	124	133	931	1 173	1 353
2039	55	72	85	745	957	1 118	113	131	141	913	1 159	1 344
2040	53	70	84	723	936	1 101	119	138	149	895	1 144	1 335
2041	50	69	84	695	910	1 078	127	147	159	872	1 125	1 321
2042	48	67	83	666	882	1 053	135	156	169	849	1 105	1 305
2043	46	65	82	635	852	1 027	143	165	180	824	1 083	1 288
2044	44	64	81	611	828	1 006	148	172	188	802	1 064	1 275
2045	42	63	81	591	809	990	151	177	193	784	1 048	1 263
2046	40	62	80	579	797	981	150	177	195	769	1 036	1 256
2047	39	61	80	570	789	976	147	176	194	756	1 025	1 250
2048	38	60	80	563	783	974	142	172	192	743	1 015	1 245
2049	37	60	80	558	780	974	136	167	188	732	1 007	1 241
2050	37	59	80	555	778	976	129	161	182	721	998	1 238

第四节　劳动力需求预测

劳动力的需求是指在一定时期和一定工资率的条件下，企业或者社会愿意雇用而且能够支付其工资的劳动力数量。劳动力需求从宏观的角度讲，就是一个国家或一个社会对劳动力需求总的状况，而一个国家或一个地区对于劳动力的需求状况也可以反映该社会的经济发展水平。在实际计算中，可以用实际就业的劳动力人数作为劳动力需求量，因为它可以近似地代表企业愿意雇用并且支付工资的劳动力数量（童玉芬，2007）。

由于经济理论的不同，考察劳动力需求的影响因素也会有所不同。从我国的实际情况来看，影响劳动力需求的因素主要有两类：一类为经济增长（即 GDP）因素，一类为经济结构变动因素。劳动力需求预测是个比较复杂的模型，涉及多个因素，其中多个自变量往往也都是需要预测或假定的变量，这是劳动力需求预测的基础和关键。

一、对变量的预测和假定

（一）对北京 2015—2050 年 GDP 增长进行假定

经济增长是就业需求最重要的影响因素。从全球来看，2008 年的金融危机几乎使各个国家和地区的经济遭受到不同程度的打击。包括北美和欧洲等发达国家和地区的经济增长都趋于放缓。从国内看，随着资源、环境对经济增长约束的强化以及劳动力、土地等成本的上升，依靠低成本优势支撑出口的高速增长的方式也必须改变，此外为应对经济危机我国政府实施的 4 万亿元投资计划，已使不少领域的投资在近期已经或接近饱和，最近几年的经济增长也有所放缓。伴随着我国经济正式进入中高速增长的“新常态”，结合近几年北京 GDP 增长的态势，我们对北京市 GDP 增长进行如下假定：2015—2020 年，平均年增长率为 7%；2021—2030 年，平均年增长率 6%；2031—2040 年，平均年增长率 5%；2040—2050 年，平均年增长 4%。并依此 GDP

增长率，计算出 2015—2050 年间 GDP 的不变价格指数（见表 7—7）。

（二）对未来就业弹性系数的变化进行预测

经济产出的增长，总是要依赖于资本、技术和劳动力等要素的投入，因此经济增长必然会带动就业的增长。但经济增长并不意味着同等速度的就业增长。因为，就业增长还取决于经济增长的就业弹性系数，即 GDP 每增长 1% 所创造的就业岗位增长的百分数。

总体上看，从 1978 年到 2013 年，北京市 GDP 增长的弹性系数波动较大。经济结构和劳动力成本等因素决定了就业弹性的变化。随着北京经济增长方式的转变和产业结构的调整，就业弹性系数总体将快速下降，一些发达国家和地区当前的就业弹性系数有很大的借鉴意义。综合考虑这些因素，通过参考香港地区和美国当前的就业弹性，本研究预计到 2025 年，北京市的就业弹性将下降到 0.08，到 2030 年将下降到 0.06，到 2050 年将下降到 0.02。

（三）对北京 2010—2050 年产业结构变化进行预测

三次产业结构的发展状况是反映一个国家或地区产业结构发展的重要指标。随着经济的发展，三次产业结构必将发生调整。自 1990 年以来，北京市第一产业 GDP 比重持续下降，到 2010 年已下降到 1% 以下；第二产业 GDP 比重也持续下降，从 1990 年的 52.4%，下降到 2000 年的 32.7%，已不足 GDP 的 1/3，至 2013 年，第二产业 GDP 比重已降到 22.3%；第三产业 GDP 比重上升迅速，从 1990 年的 46.6% 增长到 2013 年的 76.9%，20 多年间增长了 30%。

同时，北京市的城市化水平已达到发达国家城市的水平，一些地区的城市化率更是达到 100%，因此第一产业 GDP 比重在未来不会有太大的变动。而随着产业结构的进一步优化升级，坚持重点发展以现代服务业为主的第三产业的经济发展要求，第三产业的 GDP 比重将会持续上升，预计到 2020 年，三次产业 GDP 的比重将为 0.8%，19.5%，79.5%。到 2050 年预计三次产业 GDP 的比重将为 0.8%，7.5%，91.7%①，达到纽约等国际大城市的发展水平。

① 其他年份按线性内插计算。

二、劳动力需求预测模型的建立

（一）考察经济规模变动因素对劳动力需求的影响

通过 GDP 预测北京未来岗位吸纳能力，用两种方法进行预测，一个是就业弹性系数直接计算法，一个是模型法，以进行交叉验证。

首先从就业弹性系数变动预测就业岗位吸纳能力。在 GDP 增长速度确定、就业弹性系数确定的情况下，从就业弹性系数来计算未来就业岗位的吸纳能力也即就业需求就很明确了。可以看出就业弹性系数逐渐下降，如果按照前述 GDP 增长的假定，则可以推算[①]，到 2020 年，我国劳动力需求为 1 223 万人，到 2050 年劳动力需求为 1 052 万人，预测结果见表 7—7。

其次可以用 GDP 总量增长去建立就业需求预测模型。在此模型中，因变量为可吸纳的就业人口数，即就业需求，自变量为 GDP 指数的对数，对历史数据进行线性回归，最后用该模型进行就业需求的预测，得出预测结果见表 7—7。

（二）考察经济结构变动因素对劳动力需求的影响

这里主要考察产业结构变动对劳动力需求的影响。这里用第二产业和第三产业 GDP 的比重变化来预测对劳动力的需求。自变量为第二产业和第三产业的 GDP 比重，因变量为就业需求。模型主要结果如下，第二产业 GDP 的比重变量 B 值为 205.394 2，第三产业 GDP 的比重变量 B 值为 220.389 7，表明第二、第三产业 GDP 的比重变化对就业需求是正向影响，相比之下，第三产业的变化对就业需求的影响更大，预测结果见表 7—7。

（三）结合经济增长速度与经济增长方式变动对劳动力需求的影响

经济增长速度与经济增长方式对就业需求的影响是综合的，所以需要综合在一起考虑，建立线性回归方程，从而对就业需求进行预测。这里自变量为第二产业 GDP 比重、第三产业 GDP 比重及 GDP 指数的自然对数，因变量

---

① 就业弹性系数：就业人数增长率 ：GDP 增长率。

为就业需求。但是由于自变量之间存在比较严重的多重共线性，本文采用了公因子分析法解决多重共线性的问题。通过公因子分析提炼出一个公因子，其特征值的贡献度达到 99.264%，通过因子分析，用一个公因子替代原来的三个自变量进行下一步的回归，信息的损失是非常小的，同时又规避了自变量间多重共线性的问题。因此用该公因子作为自变量，就业需求为因变量进行回归，通过比较多种回归模型，最终选定线性模型和二次方程模型，这两种模型的预测基本符合就业需求的发展趋势，所以最终结合这两个模型的结果平均，得到就业需求预测结果。预测结果见表 7—7。

（四）多种预测模型结果的比较和调整

随着经济增长方式的改变，产业结构的调整，人均受教育水平的提高，在劳动力市场上必然存在一个质量对数量的替换，因此上面的预测结果类似于就业需求总量，夸大了实际的就业需求岗位数，而这个总量必须要用质量去调节，最终才能得到真正的就业需求数量。

首先考察 1996—2012 年就业人口教育水平的变化，将就业人口的受教育情况分为五个等级：未上过学、小学、初中、高中和大专及以上五类不同的受教育层次，并分别按各层次的平均受教育年限予以权重，其中未上过学为 1，小学为 6，初中为 9，高中为 12，大专及以上为 16。然后得到计算公式如下：

$$h=h_1\times 1+h_2\times 6+h_3\times 9+h_4\times 12+h_5\times 16$$

其中，h_1 到 h_5 依次表示受教育层次为未上过学、小学、初中、高中和大专及以上的就业人数在北京就业人数中的比重。由此得到 1996—2012 年就业人口平均受教育年限变动趋势，如表 7—5 所示。接着再通过线性拟合进行预测，预测结果如表 7—6 所示，这里用 2013 年就业人口的受教育年限 12.8 作为基数 100，计算出未来各年的教育指数[①]，然后用以上预测出来的就业需求总量除以各年的教育指数，从而得到调整后就业需求岗位数。

① 各年教育指数 = 假定的未来各年就业人口的平均受教育年限 ÷ 2013 年就业人口的受教育年限 ×100。

表 7—5　　1996—2012 年北京市就业人口平均受教育年限

年份	受教育年限（年）	年份	受教育年限（年）
1996	10.9	2005	11.8
1997	10.8	2006	11.9
1998	10.9	2007	11.8
1999	11.1	2008	11.8
2000	11.2	2009	11.9
2001	11.3	2010	12.2
2002	11.4	2011	13.1
2003	11.6	2012	13.3
2004	11.7		

数据来源:《中国劳动统计年鉴》。

表 7—6　　2013—2050 年北京市就业人口平均受教育年限预测

年份	受教育年限（年）	教育指数（2013年=100）	年份	受教育年限（年）	教育指数（2013年=100）
2013	12.8	100.00	2032	15.3	118.93
2014	13.0	101.00	2033	15.4	119.93
2015	13.1	101.99	2034	15.5	120.93
2016	13.2	102.99	2035	15.7	121.92
2017	13.4	103.99	2036	15.8	122.92
2018	13.5	104.98	2037	15.9	123.91
2019	13.6	105.98	2038	16.0	124.91
2020	13.7	106.98	2039	16.2	125.91
2021	13.9	107.97	2040	16.3	126.90
2022	14.0	108.97	2041	16.4	127.90
2023	14.1	109.96	2042	16.5	128.90
2024	14.2	110.96	2043	16.7	129.89
2025	14.4	111.96	2044	16.8	130.89
2026	14.5	112.95	2045	16.9	131.89
2027	14.6	113.95	2046	17.1	132.88
2028	14.8	114.95	2047	17.2	133.88
2029	14.9	115.94	2048	17.3	134.88
2030	15.0	116.94	2049	17.4	135.87
2031	15.1	117.94	2050	17.6	136.87

表 7—7　　2015—2050 年北京市就业需求量预测　　单位：万人

年份	教育指数（2013=100）	GDP指数（1978=100）	就业弹性系数法	GDP增长模型法	产业结构模型法	经济总量和结构结合法	最终就业需求
2015	101.99	3 557.5	1 171	999	1 108	1 036	1 079
2016	102.99	3 806.6	1 185	1 001	1 127	1 040	1 088
2017	103.99	4 073.0	1 197	1 002	1 145	1 044	1 097
2018	104.98	4 358.1	1 208	1 003	1 163	1 049	1 106
2019	105.98	4 663.2	1 216	1 005	1 180	1 053	1 114
2020	106.98	4 989.6	1 223	1 006	1 197	1 058	1 121
2021	107.97	5 289.0	1 225	1 006	1 187	1 061	1 120
2022	108.97	5 606.3	1 226	1 005	1 178	1 064	1 118
2023	109.96	5 942.7	1 224	1 005	1 169	1 067	1 116
2024	110.96	6 299.3	1 221	1 005	1 160	1 071	1 114
2025	111.96	6 677.2	1 216	1 005	1 151	1 074	1 111
2026	112.95	7 077.9	1 211	1 005	1 142	1 077	1 109
2027	113.95	7 502.6	1 205	1 004	1 133	1 081	1 106
2028	114.95	7 952.7	1 200	1 004	1 125	1 084	1 103
2029	115.94	8 429.9	1 194	1 004	1 117	1 088	1 101
2030	116.94	8 935.7	1 188	1 004	1 108	1 092	1 098
2031	117.94	9 382.4	1 181	1 002	1 100	1 094	1 094
2032	118.93	9 851.6	1 175	1 001	1 092	1 097	1 091
2033	119.93	10 344.1	1 168	999	1 085	1 099	1 088
2034	120.93	10 861.3	1 161	998	1 077	1 102	1 085
2035	121.92	11 404.4	1 155	996	1 069	1 105	1 081
2036	122.92	11 974.6	1 148	995	1 062	1 108	1 078
2037	123.91	12 573.4	1 142	993	1 055	1 111	1 075
2038	124.91	13 202.0	1 135	992	1 048	1 114	1 072
2039	125.91	13 862.1	1 128	991	1 041	1 117	1 069
2040	126.90	14 555.2	1 122	989	1 034	1 120	1 066
2041	127.90	15 137.5	1 115	987	1 027	1 122	1 062
2042	128.90	15 743.0	1 108	984	1 020	1 124	1 059

续表

年份	教育指数（2013=100）	GDP指数（1978=100）	就业弹性系数法	GDP增长模型法	产业结构模型法	经济总量和结构结合法	最终就业需求
2043	129.89	16 372.7	1 101	982	1 013	1 126	1 055
2044	130.89	17 027.6	1 094	979	1 007	1 128	1 052
2045	131.89	17 708.7	1 087	977	1 001	1 130	1 048
2046	132.88	18 417.0	1 080	975	994	1 132	1 045
2047	133.88	19 153.7	1 073	972	988	1 134	1 042
2048	134.88	19 919.9	1 066	970	982	1 136	1 038
2049	135.87	20 716.7	1 059	968	976	1 138	1 035
2050	136.87	21 545.3	1 052	965	970	1 141	1 032

但是仅做这样的调整是不够的，因为在实际的就业市场中，还有部分岗位是被 65 岁及以上的老年人口占据的，还需要把这部分岗位剔除，才能与 15 ~ 64 岁劳动力供给相对应。这里参考了 2010 年第六次人口普查数据，65 岁及以上人口中的就业人口占全部就业人口的比例为 0.45%。综合考虑人口老龄化的发展及人口健康度的提高，这个比例在未来应该有提高的趋势，所以此系数定为 0.5%，为第二个调整系数。最终调整后的各预测方法得到的就是就业需求结果。从总体上看，不同的预测方法得到的预测结果大体上是一致的，这里对四种方法得到的结果进行了简单平均，得到最终的 2015—2050 年 15 ~ 64 岁劳动力需求预测，见表 7—7。

进入 21 世纪以后，北京市便确定了以发展现代服务业和高新技术产业为产业结构调整和经济发展的主要目标。近些年陆续出台的一系列相关政策也表明了针对这一目标所做的努力，例如《北京市“十五”时期高新技术产业发展规划》（2001 年）、《北京市“十一五”时期产业发展与空间布局调整规划》（2006 年）、《北京市产业结构调整指导意见》（2007 年）、《北京市“十二五”时期现代产业建设发展规划》（2011 年）等。虽然在短期内高新技术产业的发展会带来生产效率和生产水平的大幅提高，从而产生一部分失业人员。但从长远的角度来看，技术的进步会扩大产业的生产规模，带动整个社会第三产业的发展，这有利于为更多的劳动力创造就业岗位。所以说，就业需求量在前期是先增长的，随后逐渐下降。

第五节　未来劳动力供需矛盾分析

一、2015 年以后劳动力市场将总体表现为供过于求的矛盾

根据前述对 16 ~ 64 岁劳动力供给和需求预测，可以对比出劳动力供给和需求之间在数量上的差异，见表 7—9 和图 7—3。我们发现，除了低方案下的劳动力供给低于劳动力需求之外，总体上，中方案和高方案的劳动力供给是大于劳动力需求的。由于低方案在预测的过程中，只是作为警示和参考，假设的各要素变化在现实的发展中几乎不可能实现，所以我们在分析劳动力供需的情况时，可以将其排除在外。从中高两种方案的预测下，我们发现 2015 年之后，北京市劳动力市场将总体表现为供过于求的矛盾。

北京作为首都，同时也是国际性大都市，对劳动力特别是外来劳动力的吸引是非常强大的。进入 21 世纪以来，北京市外来人口数量呈现大幅上涨的趋势。从 2000 年的 256.6 万人，增加到 2013 年 802.7 万人，13 年间增加了近 550 万人，年增长率几乎接近 10%（9.3%）。同时外来人口在常住人口中所占的比重也翻了一番，从 2000 年的 18.8%，增长到 2013 年 37.9%。尽管在最近出台的户籍管理改革意见中，明确提出要严格控制特大城市人口规模，但是在可预见的未来，外来人口特别是劳动年龄人口仍将会占据北京市常住人口相当分量的一部分比重。同时，随着北京市产业结构的升级，以高端服务业为主的第三产业比重将会持续上升，对劳动力质量的需求要高于对数量的需求。因此，从多方面角度来看，北京市劳动力市场将会表现为供过于求的矛盾，和我们的预测的情况相符。

二、劳动力供求的结构性矛盾将更加突出

在本部分讨论的中长期时间内，劳动力供给的素质结构和年龄结构都将

发生很大变化。在北京市未来的产业规划和发展中，由于产业升级对劳动力素质的要求很高，特别是高端服务业如金融、互联网等产业的高速发展对高素质人才的需求很大，会使劳动力市场的就业压力表现的非常明显。由总供给过剩带来的失业和产业升级转移带来的劳动力供给结构和需求结构的失衡，会使失业比例有所上升，影响到未来经济的发展和社会的稳定。

除了劳动力供大于求导致的失业之外，由于劳动力内部年龄结构将发生一定比例的失衡，一些需要中青年劳动力的行业或者岗位也将可能会出现短缺。根据我们前文的预测，即使在高方案（TFR=1.4）的预测中，25 ~ 54 岁的中青年劳动力人口规模在 2030 年后也呈现下降的趋势，总体上从 2030 年的 1 178 万人下降到 976 万人，占总劳动力人口的比例将从 87% 下降到 78%，下降了 19%。而中老年劳动力人口占比，同期将从 2030 年的 7% 上升至 2050 年的 15%。同时，随着 15 ~ 24 岁的劳动力占比在 35 年间的并没有明显的上升，考虑到 25 ~ 54 岁的中老年劳动力占比下降，和 54 ~ 65 岁的中老年劳动力比例上升，劳动力内部年龄结构的失衡导致的劳动力供给的结构性矛盾在未来会愈加的明显。因此，无论是从劳动力素质结构还是从年龄结构的失衡来看，北京市未来的产业升级和经济发展都将面临非常大的挑战和压力。

表 7—8　　2015—2050 年劳动力供需状况预测　　单位：万人

年份	劳动力供给（低方案）	劳动力供给（中方案）	劳动力供给（高方案）	劳动力需求
2015	1 014	1 080	1 113	1 079
2016	1 023	1 103	1 143	1 088
2017	1 030	1 124	1 171	1 097
2018	1 036	1 144	1 197	1 106
2019	1 040	1 162	1 223	1 114
2020	1 044	1 179	1 247	1 121
2021	1 045	1 194	1 269	1 120
2022	1 043	1 200	1 281	1 118

续表

年份	劳动力供给（低方案）	劳动力供给（中方案）	劳动力供给（高方案）	劳动力需求
2023	1 041	1 204	1 292	1 116
2024	1 038	1 208	1 302	1 114
2025	1 035	1 211	1 312	1 111
2026	1 031	1 213	1 321	1 109
2027	1 026	1 215	1 329	1 106
2028	1 021	1 215	1 335	1 103
2029	1 016	1 215	1 342	1 101
2030	1 010	1 215	1 347	1 098
2031	1 004	1 214	1 353	1 094
2032	998	1 213	1 358	1 091
2033	992	1 212	1 362	1 088
2034	984	1 209	1 365	1 085
2035	974	1 204	1 366	1 081
2036	962	1 196	1 364	1 078
2037	947	1 185	1 359	1 075
2038	931	1 173	1 353	1 072
2039	913	1 159	1 344	1 069
2040	895	1 144	1 335	1 066
2041	872	1 125	1 321	1 062
2042	849	1 105	1 305	1 059
2043	824	1 083	1 288	1 055
2044	802	1 064	1 275	1 052
2045	784	1 048	1 263	1 048
2046	769	1 036	1 256	1 045
2047	756	1 025	1 250	1 042
2048	743	1 015	1 245	1 038
2049	732	1 007	1 241	1 035
2050	721	998	1 238	1 032

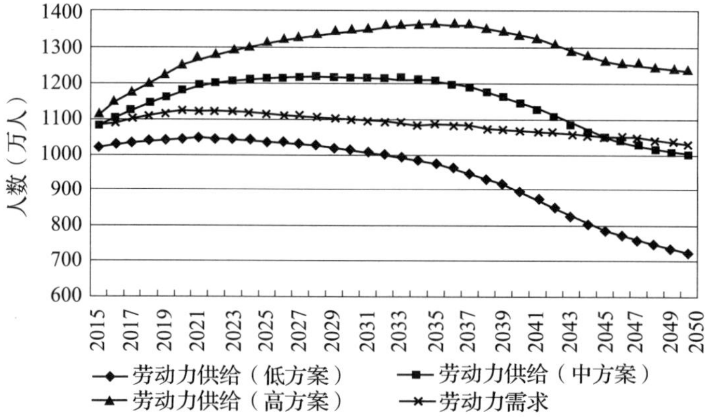

图 7—2　2015—2050 年劳动力供需状况趋势预测

表 7—9　　2015—2050 年劳动力供需差值预测　　单位：万人

年份	低方案	中方案	高方案
2015	−64	2	35
2016	−65	15	55
2017	−67	27	74
2018	−70	38	92
2019	−73	48	109
2020	−77	58	126
2021	−74	75	149
2022	−75	81	163
2023	−76	88	176
2024	−76	94	188
2025	−77	100	201
2026	−78	105	212
2027	−80	109	223
2028	−82	112	232
2029	−85	115	241
2030	−88	117	249
2031	−90	120	258
2032	−93	122	267
2033	−96	124	274

续表

年份	低方案	中方案	高方案
2034	–101	124	281
2035	–107	122	285
2036	–117	117	286
2037	–128	110	284
2038	–141	101	280
2039	–156	90	275
2040	–172	78	268
2041	–190	63	258
2042	–210	46	247
2043	–232	27	233
2044	–250	12	223
2045	–265	0	215
2046	–276	–9	211
2047	–286	–16	209
2048	–295	–23	207
2049	–303	–29	206
2050	–311	–34	206

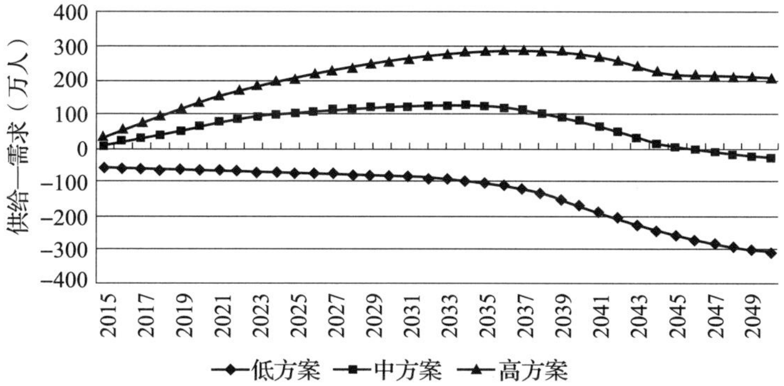

图 7—3　2015—2050 年劳动力供需差值趋势预测

中老年劳动年龄人口的劳动参与率将会不断提高，而中青年劳动年龄人口受教育年限延长的影响，劳动参与率不断下降。再者，2015—2050 年间北京市城市劳动力需求量是先增加后下降的，2050 年将会达到 1 032 万人。

因此，从整体来看，在劳动力供给的层面，必须高度关注人力资本状况，通过职业教育、技能培训等手段提高劳动力素质，从而促进首都产业结构调整和升级，最大限度地缓解劳动力供需之间的矛盾。在劳动力需求的层面，为应对经济增速下滑带来的就业方面的压力，在政策选择上，既要能促进短期的就业，又要考虑满足未来中长期经济增长方式转变、产业结构升级的需要。加快转变经济发展方式，由过去依靠资源消耗和廉价劳动力带动 GDP 总量的提高，转向依靠科技进步和人力资本的提升，加强自主创新，调整产业结构，从而实现“绿色 GDP”[①]的上升。在制度的层面，采取措施促进外来流动人口的社会和经济融入，积极推动户籍、教育、养老、就业等方面的改革。同时，也要提高中老年劳动年龄人口的劳动参与率，加强就业培训，最大限度减少提前退休现象。

参考文献

[1] Maddaloni A，Musso A，Rother P，et al.Macroeconomic Implications of Demographic Developments in the Euro Area.ECB Occasional Paper，2006,（51）.

[2] 宋林飞等 . 劳动与就业 [M] . 北京：社会科学文献出版社，2002.

[3] 童玉芬，齐晓娟 . 北京市劳动力供给量变动及影响因素的实证研究 [J] . 北京社会科学，2008,（02）.

[4] 卢元，朱国宏 . 老龄化过程中上海市劳动力供给变动趋势及其社会经济影响 [J] . 市场与人口分析，2001,（03）.

[5] 王放，谭燕 . 人口老龄化与劳动力发展规划 [J] . 市场与人口分析，2007,（02）.

[6] 郭建华 . 人口老龄化对劳动力市场的影响分析 [J] . 理论月刊，2011,（04）.

① 绿色 GDP，指用以衡量各国扣除自然资产损失后新创造的真实国民财富的总量核算指标。

［7］王立军，马文秀．人口老龄化与中国劳动力供给变迁［J］．中国人口科学，2012，（06）．

［8］郭瑜．人口老龄化对中国劳动力供给的影响［J］．经济理论与经济管理，2013，（11）．

［9］齐明珠．我国 2010 ~ 2050 年劳动力供给与需求预测［J］. 人口研究，2010，（05）．

［10］袁明智，武俊奎．浦东新区劳动力需求规模及人口结构分析与预测［J］．西北人口，2012，（05）．

［11］王文录．北京劳动力市场供求变化与京津冀人口流动［J］．人口学刊，2008，（04）．

［12］童玉芬．北京劳动力需求量变动及影响因素的分析［J］．求是学刊，2007，（05）．

［13］尹德挺，张洪玉，原晓晓．北京人口红利的结构性分析和形势预判［J］．北京社会科学，2014，（01）．

［14］王金营，蔺丽莉．中国人口劳动参与率与未来劳动力供给分析［J］．人口学刊，2006，（04）．

第八章
北京市新型城市化对就业市场的新要求

第一节　新型城市化的概念

城市化是各个城市、各个国家发展的必然趋势，在第一章我们详细分析了北京市和一些国家城市化的发展历程和面临的主要问题。如何走出城市化发展的误区，从而促进社会良性运行成为当前各国政府需要考虑的主要问题之一。随着党和国家执政理念向着更加科学化、合理化的方向发展，“新型城市化”[①]频繁出现在政府工作会议的报告以及学者们的讨论话题之中，成为其他各项工作开展的标准乃至目标导向。北京市在全国开展“新型城市化”的背景下，需要根据自身特点对各部门、各单位的各项工作开展提出新要求，尤其是针对北京庞大复杂的就业市场，不仅要从数量上更要从质量上加以宏观把握和具体要求，从而制定相应的改革政策。

探讨新型城市化情况下的政策，就要先明确新型城市化的概念和内涵。2012年党的十八大强调，要“坚持走中国特色新型城市化道路，推动工业化和城市化良性互动、城市化和农业现代化相互协调，促进工业化、信息化、

① 本文中所指的“新型城市化”就是“新型城镇化”，在这里改为“新型城市化”是为了与前面章节中的“城市化”保持一致。

城市化、农业现代化（‘新四化’）同步发展。”同年，中央经济工作会议首次正式提出“把生态文明理念和原则全面融入城市化全过程，走集约、智能、绿色、低碳的新型城市化道路”。自此，新型城市化问题被提到了一个前所未有的高度。

2013 年 7 月李克强总理提出：“统筹‘新四化’发展，需要平衡多方面关系。推进城市化，核心是人的城市化，关键是提高城市化质量，目的是造福百姓和富裕农民。要走集约、节能、生态的新路子，着力提高内在承载力，不能人为‘造城’，要实现产业发展和城市建设融合，让农民工逐步融入城市。要为农业现代化创造条件、提供市场，实现新型城市化和农业现代化相辅相成。”同年，在党的十八届三中全会提出，“完善城市化健康发展体制机制，坚持走中国特色新型城市化道路，推进以人为核心的城市化，推动大中小城市和小城市协调发展。产业和城市融合发展，促进城市化和新农村建设协调推进。优化城市空间结构和管理格局，增强城市综合承载能力。”

正如李克强总理指出的：“推进新型城市化，就是要以人为核心，以质量为关键，以改革为动力，使城市真正成为人们的安居之处、乐业之地。”而“以人为本，推进以人为核心的城市化”，就是要把提高城市人口素质和居民生活质量，把促进有能力在城市稳定就业和生活的常住人口有序实现市民化作为首要任务。同时要优化布局，根据资源环境承载能力构建科学合理的城市化宏观布局，把城市群作为主体形态，促进大中小城市和小城市合理分工、功能互补、协同发展。

可以说，新型城市化是以城乡统筹、城乡一体、产城互动、节约集约、生态宜居、和谐发展为基本特征的城市化，是大中城市、小城市、新型农村社区协调发展、互促共进的城市化。核心是人的城市化，关键是提高城市化质量，目的是造福百姓。

第二节　城市化进程中的主要成绩及其存在的问题

北京市由于不断的城市化扩张，目前城市化的水平已接近世界其他发达国家大城市的水平。在 2012 年，北京市的城市化率就已经达到了 86.2%，而其中第三产业占三大产业的比重就已达到了 76.1%。北京市城市化体系不断完善，基本上形成了城市群和城乡之间协同发展的城市化格局。与石家庄、保定、天津、廊坊、张家口等城市地区形成辐射圈，而近郊的城市，有序的发展成新型产业园区、现代农业等特色城市。此外，在城乡一体化的规划中，北京市首创提出了“中心城—新城—小城市—新型农村社区”四级城市体系，加快农村城市化的步伐。

但是，当前北京市城市化进程中仍存在诸多问题，例如以就业人员为例，外来务工人员虽然在北京市区域中找到了体力劳动或者简单脑力劳动的工作，却并未相应带来职业、生活方式由农业向非农业的转变；相当一部分流动人口由于受到自身条件的限制、市场机制的不完善等因素的影响，其就业环境、待遇等方面无法得到保障；这些问题的存在并不利于产业结构的升级以及城市化质量的提高。再如，城市人口、环境、资源之间存在极大的不协调性。人口城市化的速度落后于工业化的进程；本市的资源储备量远远小于资源需求量，资源往往是从周边城市汲取的，水资源虽然有通过南水北调工程调入，但是人均水资源目前不到 200 立方米，该指标远远低于联合国规定的人均水资源 500 立方米的极度缺水线。由于北京这一特大城市的积聚效应，随着外来人员的涌入，人均资源贫乏的现象越发明显。

第三节　新型城市化的“新”要求

根据现有研究的总结，得出新型城市化主要“新”在以下几点：一是新型城市化主要内容即农民要“市民化”，共享现代城市文明，而不仅仅停留在过去的城市化模式，即为了城市发展，利用农民工在黄金劳动年龄的廉价劳动力，而不给予匹配的社会保障；二是要有相关的产业支撑，优化城市产业结构，增强城市创新能力；三是改变相关的土地政策以及优化城市的空间布局；四是对环境的新要求，也就是走绿色低碳的城市化之路。这里就重点分析与就业有关的前两个方面。

一、“新要求”之“关注民生，以人为本”

城市化是解决农业农村农民问题的重要途径[①]。在我国过去城市化快速发展的过程中，虽然大量农业转移人口得以进入城市，但是却难以融入城市社会，市民化进程滞后。目前农民工已成为我国产业工人的主体，然而受到户籍制度的影响，2.34 亿转移农民工及其随迁家属虽然在统计意义上是城市人口，但却没有享受到城市居民的基本公共服务，比如子女入学，失业、医疗、养老等社会保险，更不用提保障性住房的社会福利等。同时农村留守儿童、空巢老人等问题也日益凸显，农业人口并没有享受到因城市化带来的制度红利的果实，这种两极化的就业与生活并非我们所追求的民生与发展。

这就要求我们降低农民工城市化的门槛，均等化农民的待遇，减轻农民工进城就业的后顾之忧，即要让进城的农民“进得来，留得下，有尊严”。如果城市化是拉动内需的新增长点，那么农民工只有有收入才能有消费需求，有收入就意味着必须有就业。但目前农民工由于缺乏居留城市的长久预期，其消费、储蓄乃至人力资本模式与城市常住人口存在显著差异，不利于其人力资本增长，也就无助于其收入提高乃至消费模式的提升。新型城市化实质上是人的现代化，尤其是中国农民的现代化。也就是进城的农民不仅要实现他们的身份由农民向市民的转变，而且还要实现由原先的农村生活方式向城市生活方式的转化，进而实现行为方式、价值观念和心理态度的改变。

这就要求我们各级政府秉持社会公平原则，按照尊重意愿、自主选择、

① 国家新型城市化规划（2014—2020 年）。

因地制宜、分步推进、存量优先、带动增量的原则；以农业转移人口为重点，兼顾高校和职业技术院校毕业生、城市间异地就业人员和城区城郊农业人口，统筹推进户籍制度改革和基本公共服务均等化。主要包括在劳动就业、住房租购、医疗卫生、子女教育、社会保障等方面提供与城市居民均等的待遇，这其中包含了户籍、医疗、教育方面的多项改革措施。

新型城市化不仅包含对“城”的要求，还包含对“乡”的要求，农业现代化要和城市化协调发展，想方设法让农民持续增收，支持农业现代化以吸纳农村剩余劳动力就近就地就业，发展壮大一批特色城市，让一些农民实现从“候鸟式”迁徙到家门口的“就业路”“致富经”。不断缩小城乡收入差距，促进“三农”问题解决。

新型城市化强调尊重市场，尊重农民的产权、自由迁徙权、自由择业权、自由交易权，强调在公平竞争下让人口和生产要素在城乡之间自由流动。这同时也是“以人为本”的体现。而政府要做的，只是在城市整体规划、基础公共服务、社会秩序维护等方面发挥作用，而将人口迁移、城市建设、产业发展等主要交给市场。但同时《国家新型城市化规划》又强调要有序推进农业转移人口市民化，实施差别化落户政策，全面放开建制镇和小城市落户限制，有序放开城区人口 50 万 ~ 100 万的城市落户限制，合理放开城区人口 100 万 ~ 300 万的大城市落户限制，合理确定城区人口 300 万 ~ 500 万的大城市落户条件，严格控制城区人口 500 万以上的特大城市人口规模。对于北京这样的特大城市而言，根据综合承载力和发展潜力，仍然以严格控制人口规模为主，采取类似积分制等方式设置阶梯式落户通道调控落户规模和节奏。

基本公共服务均等化是指由主要向本地户籍人口提供的公共服务逐渐转为向所有常住人口提供，要求循序渐进地解决在城市就业居住但未落户的农业转移人口的城市基本公共服务问题。首先就是保障随迁子女平等受教育权利，处理好学生学籍转接工作，各级政府将农民工子女的义务教育纳入财政经费计划，同时合理规划学校和教师资源。对未能在公立学校就学的，政府进行适当补贴民办教育，保障农民工随迁子女平等接受义务教育、平等参加升学考试的权利。其次要完善公共就业创业服务体系。改变过去依靠物质资本和资源的发展道路，利用人力资本和创新要素促进城市化的发展。首先要提高农民工就业创业能力和职业素质。整合职业教育和培训资源，政府提供相关补贴。鼓励企业和高等学校、各类职业院校和培训机构开展农民工岗位技能培训。同时鼓励农民工取得各种职业资格证书和专项职业能力证书或者创业，并给予一定政策扶持，健全农民工劳动权益保护机制。

人口素质和收入水平的相对提高，不仅改善了要素供给，也扩大了消费需求，有利于城乡可持续发展。这就要求政府绩效考核不以唯 GDP 论，加入就业考核，避免“要人手不要人口”的局面。开放就业市场，尤其是对农民工开放，包括清除限制农村劳动力进入城市的地方性政策法规，消除城市就业市场的各种歧视制度，建立完善的就业培训制度，保障农民平等的就业权利，使农民工真正在城市中“安居乐业”。

所有这些推进农民工市民化的手段，都需要各级政府的财政支出，这就要求各级政府改革相应的财政制度，包括地方和中央政府之间的“财权”与“事权”的利益分配等问题，从而给地方政府保障农民工的公共服务和提供相应基础设施的动力。即按照《国家新型城市化规划》合理确定各级政府职责，中央政府负责统筹推进农业转移人口市民化的制度安排和政策制定，省级政府负责制定本行政区农业转移人口市民化总体安排和配套政策，市县政府负责制定本行政区城市和建制镇农业转移人口市民化的具体方案和实施细则。各级政府根据基本公共服务的事权划分，承担相应的财政支出责任，增强农业转移人口落户较多地区政府的公共服务保障能力。

最后新型城市化不仅要解决农民工的问题，还要关注数以千万计的知识型“北漂”“南漂”如何融入所在城市，解决其“市民化”的问题。这就涉及了对北上广深的政策要求，这些特大城市要妥善解决“城市病”问题，例如空气环境、出行交通等与人息息相关的问题，提供与城市经济发展水平相适宜的基础设施和基本公共服务，提高城市居民生活质量。

二、“新要求”之“市场导向，产业支撑”

“人口城市化”的基础是产业的转型升级，新型城市化是高质量的城市化，这个质量就体现在产业结构转型和升级上，合理推进产城融合，城市化将成为拓展农民就业的重要空间。那么顺理成章地就要为就业市场提出新的要求，执行配套的就业政策。《国家新型城市化规划》（2014—2020 年）在第十四章“强化城市产业就业支撑”提了以下三个方面：优化城市产业结构；增强城市创新能力；营造良好就业创业环境。这三个方面概括了新型城市化对就业产业政策提出的新要求。

首先，提到产业转型升级，普遍意义上是指第一产业向第二、第三产业的转型升级、强调工业化带动城市化。比如中国国际经济交流中心常务副理事长郑新立指出：在推进城市化时应注重城市产业经济的培育，重视第二、第三产业的转型升级。逐步形成大中小城市和小城市、城市和农村合理分工、特色突出、功能互补的产业发展格局。同时也有学者强调积极发展小城市和新型农村，关注对本地创业的鼓励和扶持，政府不强行依靠吸引外资推动城市化，新型城市化既要鼓励和支持异地转移就业，更要着眼于积极发展小城市和新型农村社区，注重人口集聚与产业集聚的协调推进。强调城市化的进程更多只能依靠市场机制发挥作用，而政府更多的是提供更完善的基础设施建设和公共产品服务。这与《国家新型城市化规划》（2014—2020 年）中提到的改善营商环境，增强经济活力，扩大就业容量，把城市打造成为创业乐园和创新摇篮。

一方面优化城市产业结构要根据城市资源环境承载能力、要素禀赋和比较优势，也就是各个城市在市场上的优势，发展各自的城市产业体系。市场可以自动淘汰原来传统落后的部分企业，但本着“以人为本”的原则，有些企业并不必倒闭，而是需要升级转型。还有些企业极具创新精神，运用新的信息技术，这些企业引领城市未来的发展方向值得政府进行补贴鼓励。例如一些先进制造业和节能环保、新一代信息技术、生物、新能源、新材料、新能源汽车等战略性新兴产业。

另一方面大力发展人力资本密集、科学技术密集的第三产业，有助于民生和就业，尤其是专业化、社会化的生产性服务业适合人才聚集的大城市，甚至使之成为地区经济的焦点。而适应居民消费需求的多样化，提升居民生活质量的生活性服务业，也能在大城市得到率先发展。这都成为推动特大城市和大城市形成以服务经济为主的产业结构的因素。同时强化城市间专业化分工协作，例如京津冀地区，北京人力资本聚集，是创新产业核心区，天津港口对外交流，河北作为制造业中心，三者构成特色鲜明、优势互补的产业发展格局，创造各个城市的特色就业环境。

其次，增强城市创新能力要顺应科技进步和产业变革新趋势，有创新的就业市场才有活力，依托城市科技、教育和人才资源优势，走创新驱动发展道路。而政府要做的是营造创新的制度环境、政策环境、金融环境和文化氛围，激发全社会创新活力，最大限度发挥人力资本的聚集效应。推动技术创新、商业模式创新和管理创新能够带来新的经济增长点和就业增长点。要求政府建设创新基地，集聚创新人才，培育创新集群，完善创新服务体系，发展创新公共平台和风险投资机构，推进创新成果资本化、产业化；加强知识产权运用和保护，健全技术创新激励机制。推动高等学校提高创新人才培养能力，加快现代职业教育体系建设。

最后，营造良好就业创业环境要充分利用城市规模经济产生的专业化分工效应，放宽政府管制，降低交易成本，激发创业活力。这就要求政府出台扶持创业的优惠政策，激励创业并且免除一部分创业者的后顾之忧。比如通过财政支持、税费减免、创业投资引导、政策性金融服务、小额贷款担保等手段，为中小企业特别是创业型企业发展提供良好的经营环境，促进以创业带动就业。尤其促进以高校毕业生为重点的青年就业和农村转移劳动力、城市困难人员、退役军人就业，尤其要引导高校毕业生就业流向，鼓励其到中小城市创业就业。

与技术创新相关的就是智慧型城市建设，尤其是发展到一定阶段的大型城市的就业市场，需要的就是依靠新技术，高端人才，统筹物质资源、信息资源和智力资源，实现与城市经济社会发展深度融合。这就要求政府强化信息网络、数据中心等信息基础设施建设，创造一个良好的制度和政策环境，促进跨部门、跨行业、跨地区的政务信息共享和业务协同，强化信息资源社会化开发利用，推广智慧化信息应用和新型信息服务，促进城市规划管理信息化、基础设施智能化、公共服务便捷化、产业发展现代化、社会治理精细化。从而大大降低城市的通勤成本、交易成本等。要大力发展先进制造业、高新技术产业和服务业，优先发展劳动密集型产业，鼓励农民进城创业。

创新型城市化同时也对农业现代化提出了要求，新型城市化，必须通过农业提供“粮食贡献”“原材料贡献”“劳动力贡献”“土地贡献”“外汇贡献”等才能实现。只有当农业生产率提高到一定程度，也就是农业现代化到了一定程度，才会产生富余劳动力，城市产业才有源源不断的后备军。推进农业现代化，必须加快消除农业发展的制度障碍，优化农业产业结构，延长农业产业链，推进农业技术进步，提升农民人力资本等。

新型城市化之“新”体现在以人为核心的城市化，要求更加关注民生，关注三农，尤其是农民工的就业问题，而就业背后是产业升级转型的问题。对于北京这样的特大城市而言，新型城市化要求北京根据自身的承载力和比较优势发展独特的以人力资本为核心、以高新技术为核心竞争力的第三产业。

第四节　增强城市化可持续发展能力的政策建议

新型城市化不仅体现在人口城市化，也体现在非农产业的就业人口比重的增加。具体到新型城市化背景下可能的就业政策，《国家新型城市化规划》（2014—2020年）第十四章“强化城市产业就业支撑”提到了以下三个方面：优化城市产业结构；增强城市创新能力；营造良好就业创业环境。以及《规划》的第二十三章“推进人口管理制度改革”。这些全国性要求对北京也同样适用。

城市化是一个长期的动态发展过程，因此，需要坚持科学的政策制定，提高城市化的质量和效益。而经过前文的分析，根据北京的城市化及劳动力供需状况来看，北京未来可能出现的就业市场问题是劳动力数量及结构上的供需不平衡。根据理论分析、国内外实证探讨，结合城市化中出现的问题与新型城市化的新要求以及未来发展趋势来看，给出针对北京城市化进程中关于人口、就业与经济、土地方面的政策建议。

一、促进中长期人口的政策

（一）放宽人口政策，应对未来劳动力老化趋势

2010年北京市的城市总和生育率为0.69，乡村总和生育率为0.72，远低于2.1的生育更替水平。坚持当前相对宽松的生育政策，有利于生育率上升，在一定程度上缓解劳动力老化趋势，更可以有效缓解越来越严重的抚养比过重的问题。此外，可以更好地实现公民生育权，切实保障公民的权利与自由，是社会进步的一种体现。

（二）提高人口素质，以改善就业结构

通过提高人口素质，减轻劳动力总量上的下降所带来的压力，来适应产业结构升级的需要。劳动力素质的提高作为经济增长的一个重要推力，可以从以下几点进行政策上改进：重视基础教育，尤其保持农村地区的九年义务教育；协整优化教育资源的分布，不能将好的公立学校就集中在几个区域；重视终身教育，政府、企业、个人都应行动起来，鼓励自我学习，不断充实劳动人员的专业知识储备；重视素质教育，学校对在校生以及政府、企业对新入职的工作人员展开素质教育，培养他们的良好人格。

（三）加快技术创新，提高劳动参与率

大力支持并发展科学技术，加快技术创新和转化，提高劳动生产率。首先，技术进步是经济发展方式转变的客观要求，此外还有利于资源环境的可持续发展，必须从政策上大力支持科学技术和高新产业的发展来应对未来北京市可能出现的劳动力人口不足的情况。其次，要逐步建立提高劳动参与率的政策，以缓解未来劳动力短缺的问题。一方面，政府就业部门可以制定较高的工资水平和福利标准，让企业提供应支付的工资待遇来吸引高素质劳动力；另一方面，逐步调整退休年龄的政策，尤其是女性退休年龄，实现就业公平，延缓政府养老金发放压力，扩大劳动参与率。

（四）改革户籍政策，实现身份公平

一是完善户籍管理的立法，加强依法行政和规范执法。改革户籍制度，尽快出台新的户籍法，以推动户籍制度创新。并在此基础上逐步形成城乡一体化的户籍管理制度。通过户籍改革，保护公民应享有的迁徙居住和平等的权利以及规定公民应履行的义务、规范管理行为。二是转换户籍管理的功能。现有的户籍制度往往与子女上学，医疗、养老福利挂钩，而且户籍管理中普遍存在登记不全、统计失实、人户分离、重登漏登等现象。政府以及相关部门应当逐渐削弱户籍制度的对人口流动的控制和执行分配依据的功能，加强其为人口信息和民事关系证明服务的功能。

二、稳定经济增长，改善就业结构

（一）加快产业结构升级，发展高新产业

2014 年北京市第三产业的比重为 77.9%，通过城市化发展带动产业升级，产业升级的同时带动就业结构升级，能有效地拉动经济增长。首先是要大力发展知识劳动密集型产业，实现京津冀地区内产业同步升级。劳动密集型产业通常意味着粗放的经济发展模式，不利于经济增长方式的转变，而知识密集产业可以满足产业升级的需要，也可以利用集聚效应吸引到国际优

质人力资源。其次要拉动消费，关注民生。北京市市民的人均收入逐年上升，储蓄金额也不断增加。而金融危机后中国的出口业受到重创，为保持经济增长的动力，我们需要提高国内消费水平。北京作为首都，作为国际化大都市，可以利用自有的丰富资源吸引在京人员的消费。最后，北京作为一个特大城市，职住分离的现象严重影响北京就业人员的就业质量和生活质量。合理的城市规划，改善交通拥堵，促进人口有序流动、合理分布成为北京市发展的重要方向，这些对于改善民生，稳定民心都有极大的促进作用。

（二）改善就业结构，扩大就业水平

北京短期内劳动力供给仍然充裕，但是根据本书对北京市 2015 ~ 2050 年城市劳动力供需状况的预测分析，主要发现以下几个方面的特点：预计北京市城市劳动年龄人口在 2025 年、2035 年和 2040 年之后开始下降（低、中、高方案）；16 ~ 54 岁中青年劳动年龄人口比重以及劳动参与率不断下降，而 55 ~ 64 岁老年劳动年龄人口比重以及劳动参与率逐年递增，表明劳动年龄人口内部结构呈现老化趋势；2015—2050 年间北京市城市劳动力需求量是先上升后逐年下降的。因此，有以下几点可以改善。

1. 依托北京市内丰富的人力资本资源，利用有利的户籍、教育、养老等方面的优势吸引并留住在京的应届毕业生，提高流入劳动力的质量。

2. 针对初高中学历及以下的学历的流入劳动力，以暂居住地的居委会进行上门登记，通过社区的义务职业教育、免费技能培训提高劳动力的素质，区政府给予居委会一定的资金援助。

3. 鼓励流动人员自主创业，对在京创业人员给予一定的贷款补助和政策优惠，创造良好的创业环境。

4. 提高北京市内中老年劳动年龄人口的劳动参与率，提供二次就业培训，减少提前退休现象。

三、建立合理的土地流转机制，发展现代农业

（一）建立合理的土地流转制度，合理配置土地资源

1．明确市场主体之间的产权关系

现有法律对我国集体土地产权界定不清、土地所有权主体和使用权主体之间界定不清，导致我国农村土地流转不畅，具体表现在管理的体制、流转的运作程序以及流转的收益等方面无法明确，北京也是如此。一方面，北京市政府应当明确集体土地所有者，包括乡或村内农业集体经济组织，并对其真正土地使用权进行配置。另一方面，利用法律、法规赋予农民包括抵押权在内的土地使用权，用法律的手段真真切切地维护农民的土地承包权。

2．健全土地使用权市场体系

针对当前北京市内农村务工人员的长期无人耕种的荒地，收归集体所有，再公开拍卖。针对农民承包的土地，保留小部分自用的口粮田，其余部分允许合理地流转。针对农民宅基地，为保持耕地的动态平衡，应对农村退宅还田进行补偿。

3．完善征用土地补偿机制

可成立相对独立的北京市下属的城市征地机构，根据北京市的发展需要，代表市政府负责城市化过程中关于集体土地的“征用”“征购”工作。按北京市土地总体规划和利用年度计划，实行土地的统征预征制度，并在此基础上逐步建立土地储备制度。

4．优化市场交易环境，强化对土地流转的金融支持

在土地使用权商品化的基础上，利用并完善市场机制，通过建立土地交易市场，来解决存量土地流转问题，实现农业用地向非农业用地合理置换，并对流转过程给予一定的贷款优惠。农地与非农用地之间合理置换、双向流动是必然趋势，在有发展前景的区域，随着土地级差收益上升，农地转换为建设用地是必然趋势，同时也带来资金、技术、人力资本凝聚。

（二）加快农业高新技术的引进，发展现代农业

利用现代科技和农业操作机械化，大力发展现代农业。随着城市化和现代技术的不断推进，仍会有大量的农村剩余劳动力进入城市寻找工作机会。因此，北京是可以利用首都的自有优势，对近郊发展现代农业以及近郊农家乐之类的短途旅游业，并对购买农业机器以及愿意发展农业机械化的农民给予价格上和政策上的优惠补助。

参 考 文 献

［1］国家新型城市化规划（2014—2020）. 新华社 .2014—3—16.

［2］高飞乐 . 新型城市化“新”在哪里［J］. 理论参考，2013，（05）.

［3］李佐军 . 新型城市化“新”在哪里［J］. 中国经济报告，2013，（02）.

［4］倪鹏飞 . 新型城市化的基本模式、具体路径与推进政策［J］. 江海学刊，2013，（01）.

［5］苏北 . 新型城市化新在哪里［J］. 资源与人居环境，2013，（06）.

［6］袁业飞 . 新型城市化“新”在哪里——十八大之后的中国城市化改革之路［J］. 建设中华，2012，（12）.

［7］方辉振，黄科 . 新型城市化的核心要求是实现人的城市化［J］. 中共天津市委党校学报，2012，（04）.

［8］李克强 . 协调推进城市化是实现现代化的重大战略选择［J］. 行政管理改革，2012，（11）.

［9］冯奎 . 新型城市化新在哪里［J］. 时事报告，2013，（10）.

［10］单卓然，黄亚平 .“新型城市化”概念内涵、目标内容、规划策略及认知误区解析［J］. 城市规划学刊，2013，（03）.

［11］齐明珠 . 我国 2010—2050 年劳动力供给与需求预测［J］. 人口研究，2010，（05）.